DUTCH OVEN
Rezepte

Dutch Oven Kochbuch für Anfänger und Fortgeschrittene.
Der kürzeste Weg, um sich Dutch Oven Gerichte auf der Zunge zergehen zu lassen.

CHILI OVEN

INHALT

Wer sind wir und was machen wir? 1

Spare Ribs aus dem Dutch Oven 3

Nudelauflauf aus dem Dutch Oven 6

Geschmorte Lammkeule aus dem Dutch Oven mit
Kräutermarinade 8

Chili con carne aus dem Dutch Oven 10

Kartoffelgratin aus dem Dutch Oven 12

Schweinebraten im Dutch Oven 14

Schweineschulter aus dem Dutch Oven 16

Chicken Curry aus dem Dutch Oven 18

Gulasch aus dem Dutch Oven 20

Das Schichtfleisch aus dem Dutch Oven 22

Schweinehals aus dem Dutch Oven 25

Süßkartoffel-Eintopf aus dem Dutch Oven 27

Hirschragout aus dem Dutch Oven 29

Beinscheiben aus dem Dutch Oven 31

Chorizo Eintopf aus dem Dutch Oven 33

Einen Dutch Oven reinigen 35

Cheesecake aus dem Dutch Oven 39

Käse-Zwiebel Brot aus dem Feuertopf 41

Apfelkuchen 43

Grünkohl mit Mettwurst und Kartoffeln ... 45

Hackbällchen aus dem Feuertopf ... 47

Cranberry-Schnecken ... 49

Schüttelpizza ... 51

Hischragout ... 53

Schwarzbiergulasch ... 55

Kaninchenragout ... 57

Kürbissuppe aus dem Dutch Oven ... 59

Pulled Chicken Burger ... 61

Guiness Bananenbrot ... 63

Hähnchenbollen auf Wurzelgemüse ... 65

Pfannkuchen ... 67

Milchreis ... 69

Gefüllter Kürbis aus dem Feuertopf ... 71

Gefüllte Paprikaschoten ... 73

Maritime Tomatensuppe ... 77

Pfirsich-Tomatensuppe mit Mozzarella ... 79

Fleischsuppe mit Käse ... 80

Karotten-Cremesuppe ... 81

Kartoffel-Cremesuppe mit Kräutern ... 82

Ochsenschwanzsuppe ... 84

Brokkoli-Suppe ... 86

Möhren-Orangen-Suppe ... 87

Scharfe Tomatensuppe mit Lavendel ... 88

Kürbis-Karotten-Ingwer-Cremesuppe ... 89

Eintopf aus Tomaten-Bohnen-Kartoffeln 90

Eintopf aus Rindfleisch-Bohnen-Kartoffeln 91

Eintopf aus Karotten-Kartoffeln-Käse 92

Soljanka 94

Nudeln mit Tomaten und Basilikum 96

Nudeln mit Frischkäsesauce und Räucherlachs 97

Nudeln mit Pak Choi und Paprika 98

Nudeln mit Kürbis 99

Nudeln mit Speck und Mangold 100

Hühnerbrust in Nudeln 102

Nudeln in Hackfleisch 104

Nudeln in Linsen, Bohnen und Brokkoli 105

Nudeln mit Paprika-Mix 107

Nudeln in Tomaten und Knoblauch 108

Nudeln in Tomaten und Mozzarella 109

Scharfe Nudeln 110

Reispfanne mit Karotten in Curry-Sahne 111

Reispfanne mit Gemüse und Pilzen 112

Reispfanne mit Hackfleisch 113

Reispfanne mit Gemüse und Feta 114

Scharfe Reispfanne 115

Reisfleisch mit Tomatenmark 117

Reisknödel 118

Pasta mit Hähnchen 120

Jambalaya 121

Rindergeschnetzeltes 123
Pasta mit Chili und Käse 124
Putenfleisch mit Reis 125
Hähnchen-Rigatoni 126
Fruchtiger Putentopf 127
Hackfleisch-Gemüse-Topf 128
Herbstlicher Gulascheintopf 129
Geschmortes Rind mit Wintergemüse 131
Pasta mit Spinat und Räucherlachs 132
Pasta mit Spargel und Lachs 134
Spaghetti mit Garnelen 135
Pasta mit Garnelen und Spinat 136
Jambalaya mit Meeresfrüchten 137
Pasta mit Lachs, Garnelen und Spinat 139
Kabeljau-Pfanne mit Steinpilz-Spaghetti 140
Fischeintopf mit Muscheln und Garnelen 142
Seeteufel-Eintopf 144
Fischtopf mit Reis und Zucchini 146
Vegetarische Rezepte 147
Kartoffel-Zucchini-Eintopf 147
Marokkanischer Kichererbsentopf 148
Asiatische Pasta 150
Fettuccine mit Gemüse 151
Quinoa-Chili mit Bohnen und Avocado 152
Spaghetti mit Paprika 154

Pasta Caprese 155
Rigatoni mit Pilzen 156
Quinoa-Bowl 157
Linsenchili mit Reis 159
Scharfe Nudeln 161
Asiatische One Pot Rezepte 162
Curry mit Süßkartoffeln und Rindfleisch 162
Ciabatta mit Tomaten 164
Linsen-Dal 165
Thai-Curry-Pasta 167
Thai-Erdnuss-Nudeln 168
Glasnudel-Curry 169
Curry mit Mandel-Nuss-Tofu 170
Glasnudel-Topf mit Lachs 172
Nudeln mit Pak Choi und Paprika 173
Asiatischer Hähnchentopf mit Gemüse 174
Zucchini-Spaghetti mit Feta und Zitrone 176
Hähnchen mit Gemüse und Erdnüssen 177
Zucchini-Nudeln mit Tomaten 178
Zucchini-Hackfleisch-Topf 179
Kohleintopf 180
Gemüsepizzatopf 181
Blumenkohltopf mit Tomaten 182
Pasta mit Lachs-Sahne-Sauce 183
Spaghetti mit Rucola 184

Zucchini-Nudeln mit Garnelen und Tomaten 185

Brokkoli-Pasta.. 186

Konfettipfanne 187

Nudeln mit Kürbis... 188

Schupfnudeltopf.. 189

Wirsing-Farfalle-Eintopf... 190

Paprika-Cremesuppe 192

Schlusswort... 193

Impressum...…..194

Wer sind wir und was machen wir?

Wieso schreiben wir ein solches Buch über einen Feuertopf? Wer sind wir überhaupt und warum machen wir das? Jahrelang haben wir zusammen gekocht und dabei die verschiedensten Gerichte ausprobiert. Unter uns war ein Camping Profi und ein ehemaliger Hotel Koch, sodass wir nicht nur sehr viel Spaß hatten, sondern auch die unterschiedlichsten Gerichte probiert haben. Wahrscheinlich geht es Ihnen genauso, wie uns damals: Sie möchten neue extravagante Gerichte ausprobieren und sich einfach mal austesten. In einem normalen Kochbuch werden Sie hierzu nichts finden. Deshalb haben wir uns dazu entschieden, ein besonderes Kochbuch zu schreiben. In unserem Buch finden Sie sowohl Gerichte, die jede Person kennt als auch andere Gerichte, die sehr speziell sind. Sie möchten Ihre Kochkünste verbessern oder einfach bei der nächsten Feier etwas Neues auf den Tisch bringen? Dann haben Sie mit diesem Buch die richtige Entscheidung getroffen. Doch, vorab sollte geklärt werden, was überhaupt ein Feuertopf ist.

DUTCH OVEN REZEPTE

Heutzutage werden Dutch Oven von Tag zu Tag immer beliebter. Es handelt sich bei den Dutch Oven um Gusseisen Feuertöpfe, welche beim Zubereiten von verschiedenen Speisen ideal verwendet werden können. Mit einem Dutch Oven kann der Nutzer nicht nur Schmoren und Kochen, sondern auch braten, backen, frittieren. Ein weiterer Vorteil bietet sich darin, dass ein Dutch Oven überall und ohne großen Aufwand eingesetzt werden kann. Woher kommt aber der Dutch Oven?

Der Dutch Oven kommt aus Amerika, um genauer zu sein aus dem Wilden Westen. Sie waren die mobilen Küchen der Antike. In Deutschland ist der Kult um die Dutch Oven vor allem unter dem Begriff Dopfen angekommen. Dopfen ist hierbei eine Mischung aus Dutch Oven und Topf. Mit dem Kult kamen auch zahlreiche Rezepte nach Deutschland. Mit den folgenden Dutch Oven Rezepten wird jeder Abend zu einem gelungenen Abend.

Spare Ribs aus dem Dutch Oven

Zutaten

- 3kg Schweinerippchen
- 7EL Barbecuesauce
- 1EL Ahornsirup
- 1TL scharfer Senf
- 2TL Tabasco
- 2 Paprikaschoten
- 2 rote Zwiebeln
- 10 Streifen Bacon

Zubereitung

Die Schweinerippchen sollten am besten einen Tag vorher schon vorbereitet werden. Hierzu können die Rippchen in einer Gewürzmarinade mariniert werden. Darauf sollten die Rippchen über Nacht im Kühlschrank bleiben. Am folgenden Tag sollten circa 20 Briketts in einer Feuerschale angezündet werden. Nachdem diese beginnen ordentlich durchzuziehen, sollten die Zwiebeln geviertelt werden und mit der Paprika, welche in mittelgroße Stücke geschnitten werden sollte, in einen Topf gelegt werden.

DUTCH OVEN REZEPTE

Hierüber können Sie bei Bedarf eine halbe Flasche Dunkels Bier gießen. Das Gemüse hat hierbei eine unterstützende Funktion: Es soll verhindern, dass das Fleisch später in der Flüssigkeit liegt. Nachdem Sie dies getan haben, müssen Sie die verschiedenen Saucen miteinander verrühren. Dies bedeutet, dass Sie die Barbecuesauce, den Ahornsirup, den Senf und den Tabasco in einen Behälter geben müssen. Darauf können Sie die erste Lage Fleisch in den Durch Oven legen und mit der Sauce bepinseln.

Danach können Sie die weiteren Schichten bilden und das Fleisch mit der Sauce einpinseln. Zum Schluss sollten Sie darauf achten, dass Sie ein wenig von der Sauce aufbewahren. Zu guter Letzt müssen Sie nur noch den Bacon über das Fleisch legen. Dieser sorgt dafür. Dass das Fleisch nicht am Deckel festklebt und verbrennt.

Nachdem Sie dies getan haben, müssen Sie den Dutch Oven auf die Hälfte der Briketts stellen und die andere Hälfte auf den Deckel legen. Die gesamte Garzeit beträgt 2,5 Stunden. Nach jeder vollen Stunde sollten Sie überprüfen, ob genügend Flüssigkeit im Topf ist. Nur so können Sie dafür sorgen, dass nichts verbrennt. Falls die Temperatur zu hoch wird, können Sie einige Briketts wegnehmen. Nach dem Ende der Garzeit wird das Fleisch so zart sein, dass es fast von den Knochen fällt. Zu diesem Gericht können Sie als Beilagen Wedges und einen Salat verwenden.

Nudelauflauf aus dem Dutch Oven

Ein Nudelauflauf aus dem Dutch Oven? Viele werden sich denken, dass das überhaupt nicht geht, doch ein Nudelauflauf aus dem Dutch Oven kann sehr gut schmecken.

Hierzu benötigen Sie folgende Zutaten:

- 500g Nudeln
- 500g Datteltomaten
- 500ml passierte Tomaten
- 400g Rinderhackfleisch
- 200g Pizzakäse
- 150ml Sahne
- 2 Zwiebeln
- 1EL Butterschmalz
- 1TL Zucker
- 1TL italienische Kräuter
- 0,5TL Salz
- 0,5TL Pfeffer
- 0,5TL Oregano

Die Zubereitung des Nudelauflaufs

Am Anfang werden 12 Briketts im Anzündkamin durchgeglüht. Während diese glühen, können die Zwiebeln abgezogen werden und klein gewürfelt werden. Die Tomaten werden in derselben Zeit halbiert. Die Nudeln werden nach der jeweiligen Verpackungsanweisung in Salzwasser gekocht. Hierbei sollten Sie beachten, dass Sie die Kochzeit um 1-2 Minuten verkürzen, da die Nudeln ja später noch am Dutch Oven weitergaren und ansonsten zu weich werden. Wenn zum Beispiel auf der Nudelpackung eine Kochzeit von 12 Minuten vorgeschrieben ist, sollten Sie die Nudeln nur 10 Minuten kochen lassen. Die passierten Tomaten werden mit der Sahne, dem Zucker, den italienischen Kräutern, dem Oregano, dem Salz und dem Pfeffer vermischt und vermengt. Falls Sie den Nudelauflauf in der Küche zubereiten, sollten Sie die Sauce kurz aufkochen lassen, damit sich alle Zutaten in der Sauce gut miteinander verbinden.

Sobald die Briketts durchgeglüht sind, werden diese unter dem Dutch Oven verteilt. In den Gusstopf wird darauf ein wenig Butterschmalz gegeben und das Hackfleisch wird mit den Zwiebeln in diesem angebraten. Für 2-3 Minuten sollten Sie auch die halbierten Tomaten dazugeben. Nachdem Sie dies gemacht haben, müssen Sie den Dutch Oven von der Glut nehmen und die gekochten Nudeln sowie die Sauce hinzufügen und unterrühren. Zum Schluss sollten Sie den Auflauf gleichmäßig mit Pizzakäse bedecken. Danach wird der Dutch Oven verschlossen und zurück in die Glut gegeben. Sie sollten darauf achten, dass Sie die Briketts sowohl auf dem Deckel als auch unter dem Dutch Oven gleichmäßig verteilen. Die Garzeit des Auflaufs beträgt in etwa 40 Minuten. Sobald der Käse zerlaufen und goldbraun ist, ist der Nudelauflauf fertig. Egal ob jung oder alt, dieser Auflauf schmeckt einfach jedem! Falls Sie einen Dutch Oven haben und noch nie versucht haben, einen Nudelauflauf mit diesem zu machen, sollten Sie dies unbedingt nachholen. Sie werden sich wundern, wie gut so ein Nudelauflauf aus schmecken kann.

Geschmorte Lammkeule aus dem Dutch Oven mit Kräutermarinade

Einer der Klassiker, was gibt es besseres als eine geschmorte Lammkeule aus dem Dutch Oven?

Für dieses Gericht brauchen Sie die folgenden Zutaten:

Für das Fleisch:

- 1 Lammkeule
- 3 Möhren
- Knollensellerie
- 1 Stange Porree
- 3 rote Zwiebeln
- 400ml Lammfond
- 200ml Rotwein
- 1kg Tomaten
- 3 Zehen Knoblauch
- Öl

Für die Marinade:

- 2EL Kräuter
- 1 Prise Rohrzucker

Zubereitung des Gerichts

Für die Marinade müssen Sie zunächst die Kräuter und das Knoblauch fein hacken und vermischen. Nachdem Sie dies getan haben, müssen Sie das Ganze mit Salz, Pfeffer und Rohrzucker würzen und die Lammkeule rundherum würzen. Darauf geht es an das Gemüse. Sie sollten Möhren, Knollensellerie und Zwiebeln schälen und mit dem Porree in Stücke schneiden. Das Gemüse können Sie danach schon in den Dutch Oven tun, die Lammkeule darauf legen und anschließend alles mit dem Rotwein, dem Lammfond und den Tomaten aufgießen. Zuletzt müssen Sie nur noch waren, lassen Sie das Ganze für circa eineinhalb Stunden bei ca. 180 Grad schmoren und danach können Sie das Gericht servieren.

Chili con carne aus dem Dutch Oven

Wer kennt Chili con carne nicht? Es ist wahrscheinlich eines der beliebtesten Gerichte und auch eines der schmackhaftesten. Doch, wie schmeckt Chili con carne aus dem Dutch Oven?

Zutaten:

- 1 Paket Speckwürfel
- Gemüsezwiebeln
- 1kg Rinderhackfleisch
- 3 kleine Dosen Tomaten
- 2 kleine Dosen Kidneybohnen
- 1 Paprikaschote
- 1 Handvoll grobes Salz, Pfeffer und Knoblauchpulver
- 1 Chilischote

Die Zubereitung eines Chili con carne im Dutch Oven

Zu Beginn braucht der Topf eine Menge Kohle, damit er ordentlich Hitze hat zum Anbraten. Später muss diese Kohle jedoch reduziert werden, damit das Gericht nicht anbrennt. Den Speck und die Zwiebeln sollten Sie mit Öl, falls vorhanden Erdnussöl, anbraten. Darauf sollten Sie das Hackfleisch dazugeben und darauf achten, dass Sie nicht den Speck und die Zwiebeln mit dem Hackfleisch vermengen. Falls alles noch nicht durch ist, ist das kein Problem.

Rühren Sie alles durch und reduzieren Sie die Kohlen unter dem

Topf. Nun können Sie die gestückelten Tomaten, die Kidneybohnen und die Paprika dazugeben.

Um das Chili con carne zu würzen, können Sie Salz, Pfeffer und Knoblauchpulver verwenden. Zu guter Letzt müssen Sie nur noch die getrocknete Chilischote Kleinbröseln und dazugeben. Rühren Sie alles durch und lassen Sie das Chili für circa 1,5 Stunden köcheln. Als Beilage zu Ihrem Chili con carne empfiehlt sich ein rustikales Brot. Sie werden sich wundern, wie gut so ein einfaches Chili Rezept schmecken kann.

Kartoffelgratin aus dem Dutch Oven

Ein klassisches Kartoffelgratin. Nur diesmal kommt er nicht aus dem Ofen, sondern aus dem Dutch Oven.

Zutaten:

- 1,2kg Kartoffeln
- 300ml Sahne
- Eine geriebene Muskatnuss
- 150ml Milch
- Salz und Pfeffer
- 100g geriebenen Bergkäse
- 150g geriebenen Edamer Käse
- Rapsöl oder Sonnenblumenöl, für den Dutch Oven

Die Zubereitung

Zu Beginn müssen die Kartoffeln geschält werden und für etwa 30 Minuten ins Wasser gelegt werden, damit die Stärke etwas entziehen kann. In der Zwischenzeit können Sie den Dutch Oven mit Raps- oder Sonnenblumenöl ausreiben. Nachdem die Stärke aus den Kartoffeln etwas entwichen ist, sollten Sie diese in gleichmäßige, dünne Scheiben schneiden. Die flach geschnittenen Scheiben müssen Sie danach in den Dutch Oven schichten und zwischen jede Lage etwas Muskatnuss streuen oder besser frisch reiben. Nun geben Sie die Sahne und Milch in einen Topf und geben Salz, Pfeffer und Muskatnuss dazu.

Diese Mischung lassen Sie kurz aufkochen. Die heiße Soße sollten Sie jetzt über die Kartoffeln geben und anschließend geriebenen Emmentaler und Bergkäse darüberstiegen. Das Kartoffelgratin ist fertig, sobald der Käse eine leichte Bräunung hat. Die Kochzeit des Gratins beträgt ca. 70-80 Minuten. Sie werden sich wundern, wie einfach die Zubereitung mit dem Dutch Oven ist. Geschmacklich wird das Kartoffelgratin Sie auf alle Fälle umhauen. Es macht letzten Endes nämlich immer einen Unterschied, ob das jeweilige Gericht nur auf dem Herd oder im Ofen gekocht wurde oder mithilfe eines Dutch Ovens zubereitet wurde.

Schweinebraten im Dutch Oven

Zutaten

- 1,5kg Schweinenacken
- 2 Paprikaschoten
- 6 Möhren
- 6 mittelgroße Zwiebeln
- 6 Zehen Knoblauch
- 250g Champignons
- 150ml Barbecuesauce
- 50ml Honig
- Paprikapulver
- Salz
- Pfeffer
- Gemüsebrühe
- Majoran

Zubereitung:

Das Fleisch sollte am Vortag mit dem Rub eingerieben werden und darauf mit einer Frischhaltefolie luftdicht verpackt in den Kühlschrank getan werden. Circa eine Stunde vor dem Kochen sollten Sie das Fleisch aus dem Kühlschrank entnehmen, sodass es mit der Zeit Zimmertemperatur annimmt. Nun können Sie die Kohle anzünden. In der Zwischenzeit können Sie das Gemüse in Würfel schneiden. Darauf muss ein halber Liter Gemüsebrühe mit Majoran, Barbecuesauce, Honig und Paprika verrührt werden. Den Dutch Oven können Sie nun auf die Kohlen legen und heiß werden lassen.

Im Anschluss daran sollten Sie das Fleisch von allen Seiten mindestens 10 Minuten lang anbraten. Falls das Fleisch angebraten ist, sollten Sie es rausnehmen und das Gemüse anbraten. Nachdem das Gemüse angebraten ist, schütten Sie die Brühe hinzu und legen das Fleisch obendrauf. Nun setzen Sie den Deckel auf und legen 12-15 Kohlen unter den Topf. Jede halbe Stunde sollten Sie den Topf kontrollieren und gegebenenfalls umrühren. Nach circa 4 Stunden ist der Schweinebraten fertig. Nun können Sie den ganz zarten Genuss des Fleisches erleben. Ein wahrer Gaumenschmaus und für jeden Fleischfan ein Muss! Der Schweinebraten im Dutch Oven eignet sich ideal für Ihre nächste Grillparty und macht jedermann satt.

Schweineschulter aus dem Dutch Oven

Eine typische Schweineschulter aus dem Dutch Oven. Schon beim Lesen läuft einem das Wasser im Mund zusammen. Ein einfacher Gaumenschmaus! Für eine Schweineschulter aus dem Dutch Oven.

Zutaten:

- 3000g Schweineschulter
- 4 Zehen gehackten Knoblauch
- 50ml Chilisauce
- 2TL Paprikapulver
- 2TL groben Meersalz
- 2EL Honig
- 2EL scharfen Senf
- 3EL Sonnenblumenöl
- 1EL Majoran
- 1EL Sauce
- 150ml BBQ-Sauce
- 750ml dunkles Bier
- 1 Liter Gemüsebrühe
- 1 große Gemüsezwiebel
- 2 Stangen Lauch
- 6 Möhren
- 1 Zweige Rosmarin
- 5 Lorbeerblätter

Zubereitung:

Die Zubereitung der Schweineschulter dauert circa 30 Minuten. Zu Beginn sollten Sie eine Marinade aus Knoblauch, Chilisauce, Paprikapulver, Meersalz, Honig, Senf, Öl, Majoran und Liquid Smoke Sauce herstellen. Die Schweineschulter sollte gewachsen werden und trocken getupft werden. Das Fleisch kann darauf mit der Marinade eingerieben werden und dann müssen Sie es bei Raumtemperatur eine Stunde ziehen lassen.

Nachdem Sie dies getan haben, können Sie Grillbriketts aufschichten und eine Glut erzeugen. Sobald der Dutch Oven eine milde Hitze erreicht hat, können Sie das marinierte Fleisch im Topf je Seite circa 10 Minuten lang anbraten. Während Sie das Fleisch anbraten, können Sie auch das Gemüse anbraten- Das Fleisch können Sie mit dem Bier ablöschen. Hierbei sollten Sie vorsichtig sein, da der Topf so heiß ist, dass es sofort kocht oder sogar spritzt. Nun können Sie den Topf verschließen und ein wenig Glut vom Boden des Topfes wegnehmen und auf den Topf legen.

Jetzt kommt es darauf an, dass Sie zum richtigen Zeitpunkt Flüssigkeit hinzugießen. Sie können hierzu eine Mischung aus Gemüsebrühe mit BBQ-Sauce verwenden. Schauen Sie immer wieder nach, ob genügend Flüssigkeit vorhanden ist. Nach 120 Minuten ist das Fleisch fertig und das Gemüse mit der Brühe und dem Bier zu einer dunkelbraunen, intensiven Sauce verkocht. Das Fleisch sollte saftig und zart sein und eine dunkle als auch feste Kruste besitzen. Passen Sie vor allem bei diesem Gericht auf, da es sehr leicht zu Verbrennungen kommen kann. Tragen Sie deshalb lange Handschuhe.

Chicken Curry aus dem Dutch Oven

Sie wollen etwas ganz Neues probieren? Sie wissen nicht, womit Sie Ihre Freunde beim nächsten Treffen überraschen sollen? Machen Sie doch einfach ein Chicken Curry auf indische Art im Dutch Oven. Ihre Freunde werden sich wundern und sehr überrascht sein.

Zutaten:

- 6 Hähnchenbrüste, gewürfelt
- 3 Paprikaschoten
- 2 mittelgroße Zwiebeln
- 3 Knoblauchzehen
- 2 Chilischoten
- 1 kleine Dose Ananasstücke mit Saft
- 100ml Sahne
- Olivenöl

Für die Gewürzmischung:

- 2TL Currypulver
- 1TL Salz
- 1TL Pfeffer
- 1TL Paprikapulver
- 1TL Cayennepfeffer
- 1TL Kurkumapulver
- 1TL Kreuzkümmelpulver

- 1TL getrockneten Thymian
- 1TL Oregano
- 1TL Koriandersamen
- 1TL Senfsamen
- 1TL Kardamomsamen
- 200g Basmatireis

Das sieht nach einer langen Zutatenliste aus, doch ein indisches Curry lässt sich nicht mal eben aus dem Handgelenk zaubern. Nur ein intensives Würzen führt zum richtigen Geschmack. Die Zubereitung des Currys ist umso einfacher:

Heizen Sie den Dutch Oven mit Kohle vor. Nachdem Sie dies getan haben, können Sie die gewürfelten Hähnchenbrüste mit etwas Öl leicht anbraten. Darauf können Sie die gewürfelten Zwiebeln, Knoblauchzehen, Chilischoten und Paprikaschoten hinzugeben und diese auch leicht anbraten. Bereiten Sie als Nächstes die Currygewürzmischung vor. Zerkleinern Sie Koriander- Senf- und Kardamomsamen im Mörser und geben Sie alles dazu. Geben Sie zum Schluss die Ananasstückchen mit Saft hinzu. Verrühren Sie alles und lassen Sie das Gericht 30 Minuten lang mit dem Deckel köcheln. Rühren Sie kurz vor dem Servieren die Sahne unter und richten alles mit Reis an. Der Vorteil an diesem Gericht liegt darin, dass Sie die Zutaten beliebig variieren können und so immer wieder neue Kombinationen ausprobieren können.

Gulasch aus dem Dutch Oven

Bevor das nächste Gericht vorgestellt wird, stellen Sie sich wahrscheinlich folgende Frage: Was macht das Essen am Dutch Oven so besonders? Abgesehen von dem tollen Geschmack, ist es die Atmosphäre. Einfach mal mit der Familie oder mit guten Freunden draußen am Dutch Oven sitzen und das Essen genießen. Zudem ist jedes Essen mithilfe eines Dutch Ovens ein Abenteuer. Schlussendlich lässt sich jedoch sagen, dass ein gemeinsames Essen im Freien einfach was einmaliges und besonderes ist.

Zutaten:

- 200g Zwiebeln
- 750g Schinkengulasch
- Pfeffer
- 3EL Olivenöl
- Paprikagewürz
- Salz
- 2 Rote Paprika
- 2EL Tomatenmark
- Tomatenketchup
- 1EL Mehl
- 1,5L Wasser
- Eine Packung Tomaten
- Eine Packung Pilze
- Bohnen

Die Zubereitung:

Als erstes wird das Fleisch angebraten. Hierzu müssen Sie das Fleisch in den offenen Feuertopf tun. Während dem Anbraten müssen Sie es natürlich kräftig umrühren. Darauf sollten Sie die zerkleinerten Zwiebeln in den Dutch Oven geben. Lassen Sie diese kurz anschmoren und tun Sie dann den Deckel auf den Dutch Oven. In der Zwischenzeit können Sie die Gewürze vorbereiten. Nehmen Sie eine kleine Schale und vermengen Sie die Würze miteinander. Danach verrühren Sie das Mehl mit dem Wasser und vermischen Tomatenmark und Ketchup mit diesem. Zuletzt müssen Sie nur noch alle Zutaten in den Dutch Oven packe und deb Decke drauf tun. Lassen Sie die Zutaten circa 2,5 Stunden im Oven köcheln. Vergessen Sie nicht ab und zu danach zu schauen, ob genügend Flüssigkeit vorhanden ist. Sie werden schon während dem Köcheln merken, wie toll der Gulasch aus dem Feuertopf riecht.

Das Schichtfleisch aus dem Dutch Oven

Dieses Gericht ist der Klassiker aus dem Feuertopf. Jeder, der einen Dutch Oven besitzt, sollte Schichtfleisch gemacht haben.

Zutaten:

- 3kg Schweinenacken
- Bacon
- 4 Gemüsezwiebeln

Für die Gewürzmischung

- 8EL Paprikapulver
- Salz
- Pfeffer
- Zucker
- Kreuzkümmel
- Bunter Pfeffer
- Knoblauch
- Rosmarin

Für die Sauce

- 50ml Tomatenmark
- 50ml Tomatenketchup
- 30ml Balsamico
- 30g Zucker
- 10g Honig

- 1TL Rauchsalz
- Nach Bedarf Knoblauchpulver und Pfeffer

Die Zubereitung des Gerichts:

Das Schichtfleisch muss ordentlich vorbereitet werden. Zu Beginn sollten Sie deshalb die Zutaten für die Gewürzmischung miteinander vermischen und diese herstellen. Einen Tag vorher sollten Sie das Fleisch in ca 2,5cm dicke Scheiben schneiden und dieses mit der Gewürzmischung einreiben. Darauf sollten Sie das Fleisch abgedeckt in den Kühlschrank stellen. Bereiten Sie auch die BBQ-Sauce schon am Vortag vor. Hierzu müssen Sie alle Zutaten für die Sauce in einen Topf geben, diese erwärmen und cremig rühren. Schmecken Sie nach eigenen Vorlieben Pfeffer und Knoblauch ab. Passen Sie auf, dass Sie mit diesen Zutaten vorsichtig umgehen. Am Tag darauf müssen Sie den Dutch Oven mit Bacon auslegen. Darauf sollten Sie die Gemüsezwiebeln in Scheiben schneiden und diese abwechselnd mit dem Fleisch in den schräg geneigten Feuertopf legen. Bestreichen Sie darauf das Fleisch mit der BBQ-Sauce und bedecken Sie es mit den restlichen Baconstreifen. Stellen Sie den Dutch Oven auf die Kohle und lassen Sie das Schichtfleisch für 1,5 Stunden köcheln. Wechseln Sie hierbei immer wieder die verglühten Kohlen durch und nach etwa einer Stunde sollten Sie das Fleisch kontrollieren. Sobald dieses die gewünschte Bräune erreicht hat, können Sie den Dutch Oven von der Kohle nehmen. Für alle Fleisch-Fans ist das wirklich ein Leckerbissen.

Für das Schichtgleich aus dem Oven können Sie eine weitere Version verwenden. Hierfür benötigen Sie diese Zutaten.

Zutaten:

- 1kg Schweineschnitzel
- 4 Gemüsezwiebeln
- 200g Bacon
- Kartoffeln
- Und Gewürze nach eigenen Vorlieben

Die Zubereitung des Gerichts:

Wie im vorherigen Gericht auch, sollten Sie zuerst die Gewürze vorbereiten. Das Schichtfleisch sollten Sie daraufhin in 1,5-2 cm dicke Scheiben schneiden. Die Zwiebeln müssen auch in Scheiben geschnitten werden. Der Boden vom Topf sollte komplett bedeckt sein. Dies dient nur dazu, damit nichts im Feuertopf anbrennt. Darauf kommt das Bacon in den Topf. Nachdem Sie dies getan haben, müssen Sie den Topf ein wenig anwinkeln, damit das Fleisch in Schichten über dem Bacon gestapelt werden kann. Zwischendurch sollten Sie immer wieder Zwiebelringe verteilen, bis der Topf komplett ausgefüllt ist. Jetzt stellen Sie den Topf auf die Glut. Geben Sie die Gewürze hinzu und die Kartoffeln tun Sie in der letzten halben Stunde oben drauf. Insgesamt benötigt das Gericht 2,5 Stunden zum Köcheln und wird durch die Hinzugabe der Kartoffeln ein geniales Aroma haben.

Schweinehals aus dem Dutch Oven

Sie haben noch nie Schweinehals gegessen? Aus dem Dutch Oven ist der Schweinehals wirklich ein tolles Gericht. Falls Sie es noch nicht probiert haben, sollten Sie dieses Gericht so schnell wie möglich probieren.

Zutaten:

- 4 Zwiebeln
- 4 große Karotten
- 3 Stangen Lauch
- 12 Scheiben Schweinehals
- 300ml Schaschliksauce
- 400ml Sahne
- Salz und Pfeffer
- 1 Würfel Gemüsebrühe

Die Zubereitung:

Zu Beginn müssen die Zwiebeln klein, die Karotten in Scheiben und den Lauch in Ringe schneiden. Den Dutch Oven sollten Sie auf einem Gasgrill, falls einer vorhanden ist, indirekt auf 200 Grad Celsius vorbereiten. Geben Sie nun das Gemüse in den Dutch Oven.

Darauf können Sie die Gewürze beimischen. Legen Sie das Fleisch auf das Gemüse und gießen Sie die Sauce über dieses. Nun müssen Sie das Gericht 1,5 Stunden zugedeckt lassen bei geschlossenem Grill und indirekter Hitze mit 200 Grad Celsius braten. Nach 1,5 Stunden sollten Sie die Sahne über das so gut wie fertige Fleisch gießen und dieses weitere 30 Minuten braten. Nehmen Sie zum Schluss den Dutch Oven vom Grill und lassen Sie diesen 15 Minuten ruhen. Falls Sie eine Beilage zubereiten wollen, können Sie Spätzle machen.

Süsskartoffel-Eintopf aus dem Dutch Oven

Eintopf aus dem Dutch Oven? Geht so etwas überhaupt? Diese Frage lässt sich mit einem klaren „Ja" beantworten. Ein Eintopf aus dem Dutch Oven lässt sich einfach zubereiten und schmeckt dazu auch noch toll.

Zutaten:

- 1kg Süßkartoffeln
- 750g Putenfleisch
- 200g Räucherspeck
- 3 große Zwiebeln
- 2 Stangen Lauch
- 1 Liter Sekt
- 500g Schmand
- 2EL Paprikapulver
- 1EL Kümmelpulver
- 1EL Kreuzkümmelpulver
- 1TL Ingwerpulver
- 1TL Kardamompulver
- 1EL Harissa
- 2 Knollen Knoblauch
- 50g Tomatenmark

Die Zubereitung ist sehr einfach:

Als erstes würfeln Sie den Speck und die Zwiebeln. Braten Sie daraufhin den Speck im Dutch Oven an und geben dann die Zwiebeln hinzu, welche Sie goldbraun anbraten müssen. Schälen Sie die Süßkartoffeln und schneiden Sie diese in 1,5cm große Würfel. Schneiden Sie auch das Putenfleisch in 1-1,5cm große Würfel. Zuletzt müssen Sie den Lauch in Ringe schneiden. Vermischen Sie alles und füllen Sie es in den Durch Oven ein. Für die Soße müssen Sie wie folgt vorgehen: Vermischen Sie den Sekt mit den Gewürzen und dem Schmand und schon haben Sie Ihre Soße. Würzen Sie diese mit Salz und Pfeffer und danach können Sie die Soße in den Dutch Oven zu den anderen Zutaten gießen und den Deckel verschließen. Lassen Sie alles 1,5 Stunden schmoren. Als Beilage eignet sich Brot. Sie werden den Unterschied im Geschmack feststellen, denn ein Dutch Oven ist nunmal ein Dutch Oven und nicht nur ein einfacher Herd.

Hirschragout aus dem Dutch Oven

Schon der Name lässt einem das Wasser im Mund zusammenlaufen. Ein Hirschragout aus dem Dutch Oven ist einfach in der Zubereitung und schmeckt prima!

Zutaten:

- 300g Hirschrücken
- 1 gehackte Zwiebel
- 400ml trockenen Rotwein
- 1/2 Bund Petersilie
- 1 Stängel gehackten Liebstöckel
- 4 Königin Pasteten
- Salz und Pfeffer
- 2 klein geschnittene Pflaumen
- 6 klein geschnittene Champignons

Die Zubereitung

Das Fleisch müssen Sie in circa 2cm große Würfel schneiden. Geben Sie etwas Öl in den Dutch Oven und stellen Sie diesen direkt auf die glühenden Kohlen. Sobald der Deckel die nötige Temperatur erreicht hat, können Sie den Hirschrücken von allen Seiten anbraten. Stellen Sie den Dutch Oven nach dem Anbraten beiseite.

Rösten Sie nun im Deckel die Zwiebeln an. Sobald diese eine schöne Farbe haben, müssen Sie das Fleisch wieder hinzugeben und die Pilze hinzufügen. Braten Sie alles für circa 10 Minuten an. Löschen Sie darauf alles mit Rotwein ab und lassen Sie diesen einkochen. Sobald der Wein um die Hälfte eingekocht ist, können Sie die Pflaumen hinzugeben. Gießen Sie nun den Rest des Rotweins ein und lassen Sie diesen einköcheln. Sobald alles reduziert ist, müssen Sie ur noch Petersilie, Liebstöckel und einen Schuss Sahne hinzugeben. Servieren Sie Ihr Rangout in Törtchen und genießen Sie es!

Beinscheiben aus dem Dutch Oven

Beinscheiben aus dem Dutch Oven gleichen fast schon einer Delikatesse. Der Vorteil liegt hier klar auf der Hand: Beinscheiben lassen sich zuhause am Herd nicht so einfach zubereiten. Da bietet der Dutch Oven schon zahlreiche Vorteile. Mit einer einfachen Zubereitung werden Sie sehen, dass Sie Ihre Freunde mit diesem Gericht beim nächsten Grillabend überraschen können.

Zutaten:

- 2 Beinscheiben vom Schwein
- 2 kleingeschnittene Möhren
- 2 kleingeschnittene Zwiebeln
- Einen kleingeschnittenen Sellerie
- 150ml Rotwein
- 200ml Gemüsebrühe
- Salz und Pfeffer
- 100mg Mehl

Die Zubereitung

Zu allererst müssen Sie die Beinscheiben salzen und pfeffern. Daraufhin sollten Sie diese im Mehl wenden bis sie von allen Seiten mit dem Mehl bedeckt sind. Bevor es nun an den Dutch Oven geht, sollten Sie die Beinscheiben kurz im Topf anbraten, daraufhin rausnehmen und dann das Gemüse im Topf anbraten.

Geben Sie etwas Tomatenmark hinzu und gießen Sie alles mit Rotwein und Brühe ab. Zu guter letzt müssen Sie nur noch die Beinscheiben hinzugeben. Lassen Sie alles im Dutch Oven schmoren. Dies kann 2 Stunden beanspruchen, da das Fleisch der Beinscheiben erst nach so einer langen und intensiven Kochzeit zart und weich ist. Zu den Beinscheiben aus dem Dutch Oven können Sie als Beilage Nudeln anrichten.

Chorizo Eintopf aus dem Dutch Oven

Auch wenn dieses Rezept mehr Zutaten als die anderen Rezepte benötigt, ist es dennoch relativ simpel. Dementsprechend ist es für jeden machbar. Sie sollten nur ein wenig Geduld mitbringen und einen großen Hunger, denn ein Eintopf ist schon ein etwas größeres Gericht.

Zutaten:

- 250g Chorizo
- 200g Schinkenwürfel
- Eine Zwiebel
- Eine Karotte
- Eine Knolle Sellerie
- 2 Teelöffel Paprikapulver
- 80ml Orangensaft
- 2 Lorbeerblätter
- 3 Stücke Anchovis
- 500g passierte Tomaten

- 50g Tomatenmark
- 100g rote Linsen
- Einen Teelöffel geräucherte Paprika
- Eine rote Chili
- Eine kleine Dose weiße Bohnen
- Eine kleine Dose Kichererbsen
- Wasser
- 2 Zehen Knoblauch

Zubereitung des Gerichts:

Als erstes müssen Sie die Chorizo in Scheiben schneiden. Die Stücke sollten darauf mit den Schinkenstücken im Dutch Oven oder in einer Pfanne angebraten. Darauf müssen Sie Zwiebeln, Paprika und das Tomatenmark hinzugeben und braten. Geben Sie als nächstes alle restlichen Zutaten hinzu. Falls der Eintopf zu dick werden sollte, geben Sie ein wenig Wasser hinzu. Lassen Sie das ganze Gericht bei mittlerer Hitze köcheln. Passen Sie auf, dass Sie die Kohle wegnehmen, falls es im Dutch Oven zu stark köchelt. Lassen Sie alles circa 1,5 Stunden köcheln. Vergessen Sie nicht, dass Sie den Eintopf umrühren müssen. Als Beilage zu Ihrem Eintopf können Sie Brot verwenden. Es ist das ideale Abendessen für die Familie!

Einen Dutch Oven reinigen

Nachdem nun einige Rezepte vorgestellt wurden, die Sie auf einfache Art und Weise nachmachen können, sollte natürlich auch erwähnt werden, wie Sie einen Dutch Oven reinigen können. Viele stellen sich diese Angelegenheit sehr kompliziert und aufwendig vor, aber ist sie das auch wirklich? Wir zeigen Ihnen, wie Sie mit einfachen Schritten Ihren Dutch Oven reinigen können. Hierzu benötigen Sie lediglich ein paar kleine Tools, die Sie in der Regel schon zuhause haben. Wenn dies nicht der Fall ist, dann können Sie sich die verschiedenen Werkzeuge auch für kleines Geld anschaffen. Kommen wir also nun an das Eingemachte:

Wenn Sie sich mit Ihrem Dutch Oven schon näher auseinandergesetzt haben, wird Ihnen sehr wahrscheinlich auffallen, dass dieser aus unterschiedlichen Bestandteilen besteht. Ein wesentliches Bestandteil, welches selbst während der Reinigung keinen Schaden erhalten sollte, ist die sogenannte Patina. Mit dieser sorgen Sie mitunter dafür, dass Sie den Feuertopf bei einem weiteren Gebrauch genauso verwenden können, wie Sie es sich auch wünschen. Viele fragen sich, wie lang die Reinigung eines Feuertopfes in Anspruch nimmt. Diese Frage ist einfacher zu beantworten, als Sie denken. Auch, wenn ein Feuertopf beim ersten Betrachten sehr groß wirkt und man somit davon ausgehen könnte, dass die Reinigung sehr viel Zeit in Anspruch nehmen wird, ist dem nicht so. Insgesamt sollten Sie mit etwa 15 Minuten rechnen, wenn Sie Ihren Dutch Oven selber reinigen möchten.

Zu allererst sollten Sie sich mit der Wahl des richtigen Reinigungsmittel beschäftigen. Ihnen stehen Spray, Öl und Paste zur Verfügung. Insgesamt lässt sich jedoch sagen, dass kein gravierender Unterschied zwischen den unterschiedlichen Reinigungsmitteln feststellbar ist. Dementsprechend sollten Sie sich diesbezüglich nicht allzu viele Gedanken machen. Nehmen Sie einfach das Reinigungsmittel, mit dem Sie am besten klarkommen. Nach ein wenig probieren werden Sie schon wissen, was für Sie am besten ist.

Kommen wir also nun zum ersten wichtigen Schritt, den Sie bei der Reinigung beachten sollten. Denn ein Feuertopf benötigt eine sogenannte Grundreinigung. Diese sollte so schnell wie möglich erfolgen. Der Grund hierfür ist sehr unterschiedlich, doch primär können Sie mit einer sehr schnellen Reinigung dafür sorgen, dass Sie später keine unnötigen Reste entfernen müssen. Nach der Zubereitung Ihres Essens sollten Sie Ihren Feuertopf mit heißem Wasser und einer Bürste ausspülen. Es ist ganz wichtig, dass Sie in diesem Schritt kein Spülmittel verwenden. Natürlich ist Spülmittel ein Reinigungsmittel, jedoch eignet es sich lediglich bedingt zur Reinigung. Denn durch die Verwendung des Spülmittels kommt es dazu, dass dieser sich in den Poren des Topfes festsetzt. Das können Sie dann bei der nächsten Zubereitung Ihres Essens herausschmecken.

Nachdem Sie nun den Topf abgewaschen haben, sollten Sie sich um den nächsten Schritt kümmern. Dieser besteht erst einmal darin, dass Sie den Feuertopf ein wenig abtrocknen. Nachdem Sie dies gemacht haben, können Sie das Reinigungsmittel auswählen, welches Ihren Bedürfnissen entspricht. Egal, für welches Reinigungsmittel Sie sich nun entscheiden, das Prozedere bleibt dennoch das Gleiche. Mit dem jeweiligen Reinigungsmittel müssen Sie nämlich dafür sorgen, dass Sie den gesamten Feuertopf einreiben. Wenn Sie ein Spray benutzen, ist es natürlich klar, dass Sie den Topf dann dementsprechend mit dem Spray einsprühen müssen. Mit dieser kurzen und knappen Anleitung sollten Sie eigentlich schon in der Lage dazu sein, Ihren Dutch Oven zu reinigen. Jedoch gibt es immer mal wieder ein paar Problemfälle, welche im Folgenden etwas ausführlicher thematisiert werden sollen.

Was machen Sie zum Beispiel, wenn Ihr Essen im Topf angebrannt ist? Wie können Sie dafür sorgen, dass die angebrannten Reste entfernt werden? Dies sind wichtige Fragen, die zahlreiche Personen beschäftigen. Jedoch ist es gar nicht so kompliziert, wie Sie jetzt vielleicht denken. Wenn Sie merken, dass Essen in Ihrem Feuertopf angebrannt ist, sollten Sie sofort kaltes Wasser hinzugeben. Das kalte Wasser sollte dann bei der Restwärme der Glut stehen bleiben. Nun kommt die etwas mühseligere Arbeit. Diese besteht darin, dass Sie mit einem Plastikspatel oder Holzspatel das Angebrannte vom Boden des Topfes abkratzen. Achten Sie aber darauf, dass Sie eine kurze Einwirkzeit von knapp 10 Minuten gewähren. Mit dieser können Sie nämlich dafür sorgen, dass Ihnen später die Arbeit erleichtert wird. Dies war auch schon so gut wie alles, was Sie benötigen, um Ihren Dutch Oven schnell und effizient zu reinigen. Kommen wir nun zu weiteren leckeren Rezepten, die Sie zubereiten können.

Cheesecake aus dem Dutch Oven

Sie werden nun wahrscheinlich die Stirn runzeln - wie soll denn ein Käsekuchen in einem Feuertopf zubereitet werden? Schauen wir doch einfach mal rein. Sie werden nach dem Lesen dieses Rezeptes sehen, dass ein Käsekuchen aus dem Feuerkopf echt köstlich sein kann.

Für den Keksboden:

- 150g Butterkekse
- Brauner Zucker
- 80g Butter
- 1/2 TL Zimt

Für die Creme:

- 300g Frischkäse
- 200g Quark
- 200g saure Sahne
- 150g Zucker
- 6 Eier
- 1 Bio Zitrone
- Eine Packung Vanillepudding-Pulver
- 0,5TL Salz

Die Zubereitung

Lassen Sie zu Beginn ein paar Briketts durchglühen. Während diese glühen, können Sie sich schon einmal der Zubereitung des Kuchen widmen. Schmelzen Sie Butter in einem Topf und zerbröseln Sie die Kekse in einem Gefrierbeutel. Am besten ist es, wenn Sie hierzu ein Nudelholz nutzen. Nachdem Sie dies getan haben, sollten Sie die zerbröselten Kekse mit der geschmolzenen Butter, dem Zimt und dem braunen Zucker in eine Schale geben. Formen Sie aus dem Gemisch einen kräftigen Teig.

Kleiden Sie im Anschluss den Feuertopf mit Backpapier aus. Betten Sie den Keksteig gleichförmig ein und stellen Sie im daraufhin die Creme her. Hierzu müssen Sie die 6 Eier trennen. Das Eiweiß sollten Sie im Anschluss mit einer Prise Salz und einer Küchenmaschine zu Eischnee schlagen. Geben Sie nun die 6 Eigelbe, das Puddingpulver, die saure Sahne, den Quark, den Frischkäse und den Saft der Zitrone in eine große Schale und verrühren Sie alles zu einer Creme. Heben Sie den Eischnee langsam unter die Creme. Zum Schluss sollten Sie die Creme auf dem Keksboden verteilen. Lassen Sie alles für etwa 180 Grad mit 9 Briketts backen. Drehen Sie den Deckel zusätzlich alle 20-30 Minuten um 45 Grad, damit sich die Wärme gleichmäßig verteilen kann. Nach 1,5 Stunden ist Ihr Käsekuchen fertig.

Käse-Zwiebel Brot aus dem Feuertopf

Brot in einem Dutch Oven zubereiten? Da werden einige die Stirn runzeln, jedoch lässt sich sagen, dass dies möglich ist. Sie werden nicht nur schnell irgendein Brot zubereitet haben, sondern dieses wird auch geschmacklich überzeugen. Was benötigen Sie also, um ein Brot im Dutch Oven zuzubereiten?

Zutaten:

- 1kg Mehl
- Hefe
- 300ml warmes Wasser
- 200g Gouda
- 100g Röstzwiebeln
- 2EL Salz
- 200g Speck

Die Zubereitung

Kommen wir nun zu der Zubereitung. Im ersten Schritt sollten Sie die Hefe in eine Tasse geben und diese mit dem Salz flüssig rühren. Daraufhin nehmen Sie das Mehl und schütteln dieses in eine große Schüssel. Vermengen Sie das Mehl mit der Hefe und kneten Sie es zu einem Teig. Es kann durchaus sein, dass Sie noch ein wenig Wasser hinzugeben müssen. Achten Sie einfach darauf, ob der Teig noch bröselt oder nicht.

Im Anschluss geben Sie die Röstzwiebeln, den Speck und den Käse hinzu. Kneten Sie nochmals alles gut durch. Daraufhin sollten Sie den gesamten Teig für circa 15-20 Minuten an einem warmen Ort gehen lassen. In der Zwischenzeit können Sie sich um Ihren Dutch Oven kümmern. Verwenden Sie circa 29 Grilleier. 8 von diesen sollten Sie unter den Feuertopf legen und 21 der Grilleier auf den Feuertopf. Dies ergibt insgesamt eine Temperatur von circa 200 Grad und das reicht auf alle Fälle aus.

Legen Sie nun ein Stück Backpapier in den Feuertopf, damit der Boden keinen Schmutz abbekommt. Nachdem Sie hiermit fertig sind, können Sie den Brotteig in den Ofen legen und den Deckel schließen. Beachten Sie, dass der Teig beim Backen nochmals voluminöser wird. Nach circa 1,5 Stunden sollte die Kohle abgebrannt sein. Das ist auch der Zeitpunkt, an dem das Brot fertig ist. Nach einer Stunde Backzeit sollten Sie alle 15 Minuten schauen, ob das Brot fertig ist. Es kann durchaus vorkommen, dass das Brot schon früher fertig ist.

Apfelkuchen

Was gibt es besseres, als einen herzhaften Apfelkuchen zum Nachtisch? Um einen Apfelkuchen im Feuertopf zuzubereiten, benötigen Sie wenige Zutaten. Dafür ist der Geschmack auch umso besser. Für 4 Portionen benötigen Sie die folgenden Zutaten.

Zutaten:

- 150g Zucker
- 150g Margarine
- 2 Eier
- Eine Packung Vanillezucker
- 340g Mehl
- Backpulver
- 3 Äpfel
- Zimtzucker

Die Zubereitung

Die Zubereitung des Kuchens ist relativ schnell erledigt. Im ersten Schritt sollten Sie den Zucker, die Margarine, die Eier und den Vanillezucker gut miteinander verrühren. Im Anschluss fügen Sie Mehl und Backpulver hinzu und verkneten alles miteinander. Geben Sie etwa 2/3 vom Teig in den mit Backpapier ausgelegten Ofen und formen Sie einen circa 3cm hohen Rand.

Im nächsten Schritt sollten Sie die Äpfel schälen und in dünne Spalten schneiden, bevor Sie dies mit Zimtzucker verrühren. Die

Apfelspalten sollten Sie im nächsten Schritt fächerförmig auf dem Teig verteilen. Zu guter Letzt können Sie den restlichen Teig krümelig darüber geben. Kommen wir nun zum Feuertopf.

Setzen Sie etwa drei Briketts unter den Dutch Oven und 8 auf den Feuertopf. Der Kuchen sollte bei der so entstehenden Hitze für circa 40-50 Minuten backen. Passen Sie dennoch auf die Kohle unten auf, da der Kuchen leicht anbrennen kann. Sobald der Kuchen fertig ist, sollten Sie ihn für eine kurze Zeit auskühlen lassen. Am besten können Sie den Kuchen mit Sahne und Kaffee genießen.

Grünkohl mit Mettwurst und Kartoffeln

Für dieses Gericht benötigen Sie die folgenden Zutaten:

- 660g Grünkohl
- 500g Kartoffeln
- Eine Zwiebel
- Eine Packung Speckwürfel
- 4 Mettwürste
- 500ml Brühe

Die Zubereitung

Im ersten Schritt sollten Sie die Zwiebel in Streifen schneiden. Schälen Sie im Anschluss die Kartoffeln und schneiden Sie diese in circa 1cm große Würfel. Daraufhin sollten Sie sowohl die Zwiebelstreifen als auch die Speckwürfel auf dem Topfboden verteilen. Den Grünkohl sollten Sie abgießen und die Hälfte auf den Speckwürfeln und den Zwiebeln verteilen.

Im Anschluss verteilen Sie die Kartoffelwürfel auf dem Grünkohl und bedecken alles mit dem restlichen Grünkohl. Nun müssen Sie lediglich die Mettwürste drauflegen und alles mit der Brühe aufgießen. Sie brauchen das Gericht nicht würzen, da die verschiedenen Zutaten ausreichend Würze mitbringen. Kommen wir nun zu der Beheizung des Feuertopfs.

Hierzu benötigen Sie insgesamt 18 Briketts. Am besten ist es, wenn Sie 6 unterhalb des Topfes verteilen und 12 oberhalb des Topfes verteilen. Dies sollten Sie jedoch an ihren Dutch Oven anpassen. Je nachdem kann es sein, dass Sie weniger Briketts benötigen oder diese auch anders platzieren müssen. Nach circa 30 Minuten sollten Sie die Würste einstechen. Hierdurch sorgen Sie dafür, dass das Fett in die Mischung fließen kann. Nach circa einer Stunde ist Ihr Gericht fertig.

Hackbällchen aus dem Feuertopf

Was gibt es bessere als herzhafte Hackbällchen? Mit der richtigen Zubereitung können Sie dafür sorgen, dass Ihren Besuchern das Wasser im Mund zusammenläuft. Mit diesem Rezept haben Sie eine ideale Vorgehensweise, um köstliche Hackbällchen zuzubereiten.

Zutaten:

- 2kg gemischten Hackfleisch
- Ein Brötchen
- 8EL Gewürzmischung
- Ein Vollei
- 1EL Butterschmalz
- 200g Zwiebeln
- 160g Möhre
- 100g Staudensellerie
- 700ml Tomatensauce
- Etwas Zitronenschale
- 1EL Oregano
- Einen Becher Schlagsahne

Zubereitung des Gerichts:

Im ersten Schritt sollten Sie die Zwiebeln, die Möhren und den Staudensellerie würfeln. Daraufhin sollten Sie den Semmel in ein wenig Wasser.oder.Milch.einweichen..Das.Hackfleisch.sollte.mit.der.Gewürz mischung gewürzt werden. Die eingeweichten Semmel sollten Sie mit der Hand gut ausdrücken. Geben Sie anschließend die Semmel mit dem Vollei zu dem Hackfleisch und verkneten Sie alles zu einer einheitlichen Masse. Formen Sie nun mit angefeuchteten Händen aus der Masse kleine Klöße.

Bringen Sie nun 10 Briketts zum Glühen. Unter den Feuertopf sollten Sie circa 4 Briketts platzieren und die restlichen Briketts oberhalb des Dutch Ovens. Falls der Topfboden heiß ist, werden die Hackbällchen im Butterschmalz gebraten. Dies sollte bei Bedarf pro Portion geschehen. Nun können Sie die Hackbällchen herausnehmen und das Gemüse anschwitzen. Die Bällchen sollten Sie erst wieder hinzufügen, wenn Sie die Tomatensoße angegossen haben und die Zitronenschale über das Gericht gestreut haben. Setzen Sie nun den Deckel auf und verteilen Sie die restlichen 6 Briketts gleichmäßig um den Deckel.

Nach circa 30 Minuten können Sie das Oregano hinzufügen. Dieses sollten Sie langsam unterrühren. Des Weiteren sollten Sie nun das gesamte Gericht für etwa 15 Minuten köcheln lassen. Wenn Sie möchten, können Sie Ihre Hackbällchen mit ein wenig Schlagsahne verfeinern. Dies hängt von Ihrem individuellen Geschmack ab. Falls die Soße zu sämig geworden ist, können Sie zusätzlich mit ein wenig Wasser nachhelfen und die Soße verflüssigen.

Cranberry-Schnecken

Ein Dessert aus dem Feuertopf? Kann das denn auch wirklich schmecken? Diese Frage stellen sich jetzt wahrscheinlich die meisten Leser. Es lässt sich aber schon vorab sagen, dass ein Dessert aus dem Feuertopf geschmacklich überzeugen kann.

Zutaten:

- 100g gemahlene Mandeln
- 6EL Nutella
- 100g Cranberries
- 4cl Likör
- Eine Packung Pizzateig

Die Zubereitung erfolgt wie folgt:

In einem Anzündkamin sollten Sie im ersten Schritt 20 Kohleeier gut durchglühen lassen. Im nächsten Schritt sollten Sie das Nutella in einen kleinen Topf geben und diese bei mittlerer Hitze flüssig werden lassen. Im Anschluss können Sie die anderen Zutaten, wie zum Beispiel die Mandeln, den Likör und die Cranberries hinzugeben und alles gut miteinander vermischen.

Rollen Sie nun den Pizzateig aus und verteilen Sie die Nutellamasse auf diesem. Rollen Sie den gesamten Teig nun unter leichtem Druck zusammen und schneiden Sie diesen in etwa 3cm breite Schnecken. Daraufhin sollten Sie ein Stück Backpapier in den Feuertopf legen und die Schnecken dicht auf diesem verteilen.

Schließen Sie nun den Deckel vom Dutch Oven. Lassen Sie die Schnecken für circa eine Stunde vor sich hin backen. Sie können die Schnecken auf dieselbe Art und Weise natürlich auch im Backofen backen lassen. Die Verteilung der Kohle ist natürlich auch entscheidend. Es empfiehlt sich, circa 10 Briketts oberhalb des Ofens zu verteilen und 10 unterhalb des Feuertopfes. Dies hängt aber von Ihrem Dutch Oven ab.

SCHÜTTELPIZZA

Was ist denn eine Schüttelpizza? Viele werden diesen Begriff wahrscheinlich noch nie gehört haben. Das ist auch verständlich, denn eine Schüttelpizza ist eigentlich nicht üblich. Sie werden jedoch bei der Zubereitung dieses Rezeptes schnell erkennen, was eine Schüttelpizza ausmacht und wie Sie diese zubereiten können.

Zutaten:

- 3 Eier
- 250ml Milch
- 150g Mehl
- Nach Bedarf Wurst, Gemüse oder Käse
- Wie Sie erkennen können, kommen Sie mit wenigen Zutaten bei der Zubereitung aus. Dennoch schmeckt das Ganze sehr gut.

Die Zubereitung der Schüttelpizza ist wie folgt:

Sie sollten sich erst einmal auf den Belag einigen. Hierfür können Sie Jagdwurst, Salami, Paprika, Tomaten und viele weitere Zutaten verwenden. Geben Sie all diese Zutaten zerkleinert in ein Gefäß mit Deckel und schütteln Sie diese durch. Hierher kommt auch der Name Schüttelpizza. Heizen Sie nun den Deckel des Feuertopfes mit ein wenig Pflanzenöl ein und geben Sie die Masse in der gewünschten Stärke in den Deckel.

Nach circa drei bis vier Minuten können Sie den Deckel mit Handschuhen von der Flamme nehmen und die Pizza auf ein großes Backblech oder einen großen Teller geben. Damit der Geschmack nicht verloren geht, sollten Sie die Pizza sofort servieren.

Hischragout

Dieses Gericht kann schon fast als eine echte Delikatesse bezeichnet werden. Wie bereiten Sie eine solche Delikatesse mit der Hilfe vom Feuertopf zu? Das klingt vielleicht am Anfang alles komplizierter, als es eigentlich ist.

Zutaten:

- 300g Hirschrücken, in 2cm Würfel geschnitten
- Eine gehackte Zwiebel
- 400ml trockenen Rotwein
- Einen halben Bund gehackte Petersilie
- Einen Stängel gehackten Liebstöckel
- 4 Pasteten
- Salz und Pfeffer
- 50ml Sahne
- 2 klein geschnittene Pflaumen
- 6 klein geschnittene Champignons

Zubereitung:

Im ersten Schritt sollten Sie etwas Öl in den Deckel des Feuertopfes geben und diesen direkt auf die glühenden Kohlen legen. Sobald der Deckel die optimale Temperatur hat, können Sie den Hirschrücken von allen Seiten anbraten. Nach dem Anbraten sollten Sie alles kurz beiseite stellen. Im Anschluss rösten Sie im Deckel die Zwiebel an. Sobald diese eine schöne Farbe haben, können Sie das Fleisch wieder hinzugeben und auch zusätzlich die Pilze hinzufügen. Braten Sie alles für etwa 10 Minuten an. Daraufhin löschen Sie das Gericht mit der

Hälfte des Rotweins ab und lassen diesen einkochen.

Sobald der Wein um die Hälfte eingekocht ist, können Sie die Pflaumen hinzugeben. Den Rest des Weins können Sie jetzt auch noch hinzugießen und alles erneut einköcheln lassen. Zum Schluss sollten Sie die Petersilie, die Liebstöckel und einen Schuss Sahne hinzugeben. Achten Sie darauf, dass Sie das Gericht mit Salz und Pfeffer abschmecken. Zu guter Letzt sollten Sie das Ragout in Törtchen füllen und servieren.

Schwarzbiergulasch

Ein echter Klassiker aus dem Dutch Oven. Damit Sie Ihren Gulasch so schnell wie möglich genießen können, finden Sie hier eine Einkaufsliste.

Zutaten:

- Ein Kilogramm Rindfleisch
- Eine große Zwiebel
- Ein Bund Lauch
- 2 Paprikaschoten
- Eine Knoblauchzehe
- 1EL Tomatenmark
- Einen halben Liter Schwarzbier
- Ein Lorbeerblatt
- 250g Champignons
- 250ml Fleischbrühe
- Einen Becher Sahne
- 1EL Zucker
- 1/2TL Oregano
- 1/2TL Thymian
- Speisestärke
- Paprikapulver
- Salz und Pfeffer
- Auch, wenn die Zutatenliste sehr lang ist, sollten Sie sich nicht abschrecken lassen. Denn die Zubereitung geht dafür umso schneller.

In nur drei einfachen Schritten können Sie Ihren Gulasch genießen:

Im ersten Schritt kümmern Sie sich um die Champignons und den Gulasch. Diese beiden Zutaten sollten Sie im Feuertopf anbraten. Daraufhin geben Sie das Tomatenmark hinzu und braten dieses ebenfalls kurz an. Löschen Sie im Anschluss mit dem Schwarzbier den Bratensaft ab, bevor Sie die restlichen Zutaten hinzugeben. Im nächsten Schritt bestücken Sie den Feuertopf mit 6 Kohlen unten und 12 Kohlen oben.

Rühren Sie alles immer wieder mal um, damit sich der Geschmack gut entwickeln kann. Nach circa 2 Stunden ist das Gulasch fertig und muss nur noch gewürzt werden. Hier haben Sie freie Hand. Die Sauce sollten Sie mit Speisestärke binden, bis diese die richtige Konsistenz erreicht hat.

Kaninchenragout

Nachdem Sie nun wissen, wie Sie ein leckeres Hirschenragout zubereiten, sollten Sie sich natürlich auch am Kaninchenragout versuchen. Die Zubereitung ist nicht sehr unterschiedlich, sodass Ihnen dieses Gericht leicht von der Hand gehen sollte.

Zutaten:

- 400g Kaninchenfleisch
- 500ml Rotwein
- 100ml Calvados
- Eine Packung Saucenpulver
- 300ml Wasser
- 2 rote Zwiebeln
- 3 Knoblauchzehen
- 6 Karotten
- Eine große Süßkartoffel
- Einen Teelöffel gehäufte Kirschkonfitüre
- Einen Teelöffel gehäufte Pfefferkörner
- 3 Lorbeerblätter
- Salz und Pfeffer
- Getrockneten Rosmarin

Zubereitung:

Im ersten Schritt sollten Sie sich um das Fleisch kümmern. Lösen Sie diese von den Knochen und schneiden Sie es in mundgerechte Stücke. Entfernen Sie zusätzlich das Fett, die Sehnen und die Silberhaut. Mit der Knoblauchpresse sollten Sie im Anschluss eine Knoblauchzehe über das Fleisch drücken. Würzen Sie das Fleisch mit Salz und Pfeffer und lassen Sie es für circa 30 Minuten kalt stehen.

Im nächsten Schritt sollten Sie das Wasser, das Saucenpulver und die Calvados miteinander mischen. Geben Sie die Pfefferkörner, die Lorbeerblätter und das Rosmarin hinzu und lassen Sie diese einweichen. Schälen Sie im Anschluss die Zwiebeln und die beiden anderen Knoblauchzehen. Halbieren Sie diese und schneiden Sie die Zwiebeln in Ringe. Braten Sie nun alles zusammen mit dem Fleisch in dem Feuertopf an, bis das Fleisch eine braune Farbe annimmt.

Während das Fleisch im Feuertopf schmort, können Sie die Karotten und die Süßkartoffeln schälen und in große Stücke schneiden. Sobald das Fleisch angebraten ist, sollten Sie zuerst die Karotten hinzugeben und die Saucenmischung mithilfe eines Siebes hinzugeben. Decken Sie den Feuertopf ab und lassen Sie alles für circa 15 Minuten kochen. Geben Sie nun die Kartoffeln und die Konfitüre hinzu und lassen Sie alles für weiter 15 Minuten kochen.

Wichtig ist es, dass Sie das Gericht heiß servieren. So können Sie den vollen Geschmack Ihres Ragouts genießen. In diesem Sinne wünschen wir Ihnen einen guten Appetit!

Kürbissuppe aus dem Dutch Oven

Wie wäre es mit einer leckeren Suppe aus dem Dutch Oven? Sie glauben nicht, dass Sie mit dem Feuertopf auch Vorspeisen zubereiten können? Dann haben Sie sich leider geirrt. Denn mit Ihrem Dutch Oven können Sie sehr wohl Vorspeisen zubereiten.

Zutaten:

- 2 große Kürbisse
- 3 Zehen Knoblauch
- Eine Stange Lauch
- Zwei Zwiebeln
- Eine Karotte
- Ein Stück Sellerie
- 3 Kartoffeln
- Eine kleine Ingwerwurzel
- Eine Orange
- 200ml Sahne
- Ein Liter Wasser
- 200g Maronen
- 3EL Sonnenblumenöl
- 1EL Salz
- 1EL Zucker
- Gehackte Petersilie
- Kürbiskernöl

Zubereitung:

Auch, wenn die Zutatenliste sehr lang ist, können Sie das Gericht sehr schnell zubereiten. Vorab sei schonmal gesagt, dass Sie die Suppe genauso gut auf dem Herd zubereiten können. Kommen wir nun an das Eingemachte:

Im ersten Schritt sollten Sie den Kürbis in kleine Stücke schneiden. Entfernen Sie hierbei die Innereien des Kürbisses. Im Anschluss schneiden Sie die Zwiebeln in Stücke und hacken den Knoblauch fein. Schneiden Sie den Lauch in dünne Scheiben und würfeln Sie die Karotten, den Sellerie und die Kartoffeln. Erhitzen Sie nun das Öl im Dutch Oven. Beraten Sie sowohl die Zwiebeln als auch den Knoblauch an.

Geben Sie nun Lauch und Sellerie hinzu und karamellisieren Sie alles mit Zucker. Im Anschluss sollten Sie das Ganze mit Wasser und Orangensaft ablöschen. Geben Sie nun den klein geschnittenen Kürbis, den Sellerie und die Karotten in den Topf. Bei circa 180 Grad sollte das Ganze nun für 50 Minuten schmoren.

Währenddessen können Sie sich um die Maronen kümmern. Erhitzen Sie die Maronen und platzieren Sie diese für 20 bis 25 Minuten auf dem Grill. Im Anschluss sollten. Sie die Maronen von ihrer Schale befreien und beiseite legen. Verfeinern Sie die Suppe mit Sahne und schmecken Sie diese mit Salz und Pfeffer ab. Zu guter Letzt sollten Sie die Suppe mit einem Pürierstab auf die gewünschte Konsistenz bringen. Geben Sie nun die Maronen hinzu und servieren Sie Ihre Suppe.

Pulled Chicken Burger

Was gibt es besseres als einen Burger? Immer wieder heißt es, dass die selbstgemachten Burger immer noch am besten sind. Mit diesem Rezept können Sie sich Ihre eigenen Pulled Chicken Burger zubereiten. Eines sei schonmal vorab gesagt: Geschmacklich kann dieser Burger auf jeden Fall überzeugen.

Zutaten:

- Eine Chilischote
- Drei Dosen Tomaten
- 5ml Flüssigrauch
- Eine Peperoni
- 1TL Knoblauchpulver
- 1TL Zwiebelpulver
- 200ml Mayonnaise
- Limettensaft
- 500g Hähnchenschenkel
- 2 gepresste Knoblauchzehen
- 2 Gewürzgurken
- Einen Bund Frühlingszwiebel
- 8 Brötchen

Zubereitung:

Heizen Sie den Dutch Oven vor. Am besten ist es, wenn Sie 7 Briketts unten und 14 Briketts oben platzieren. Sobald Sie dies getan haben, sollten Sie sich um die Sauce kümmern. Für diese müssen Sie Chilischote, Tomaten, Flüssigrauch, Knoblauchpulver, Peperoni und Zwiebelpulver in einen Topf geben. Lassen Sie diese Mischung einmal aufkochen, bevor Sie im Anschluss die Hähnchenschenkel hinzugeben. Übergießen Sie die Schenkel mit Soße und verschließen Sie alles mit einem Deckel. Das Gericht sollte nun für circa 1,5 Stunden garen. Lösen Sie das Fleisch von den Knochen und vermengen Sie alles gut miteinander.

Im nächsten Schritt vermengen Sie die Mayonnaise mit dem Limettensaft und dem Knoblauch. Würzen Sie alles mit Salz und Pfeffer. Daraufhin sollten Sie die Brötchen erwärmen. Schneiden Sie die Gewürzgurken und die Frühlingszwiebeln in Scheiben. Bestreichen Sie die Unterseite der Brötchen mit Mayonnaise und verteilen Sie das Fleisch auf dieser Seite. Belegen Sie das Brötchen mit Gewürzgurken und Frühlingszwiebeln und klappen Sie anschließend beide Brötchen zusammen. Schon haben Sie Ihren selbst gemachten Burger. Lassen Sie es sich schmecken!

Guiness Bananenbrot

Guiness kennt man. Doch haben Sie Guiness schon einmal im Brot probiert? Das kann doch gar nicht schmecken, denken Sie sich. Vielleicht sollten Sie dann an dieser Stelle dieses Gericht ausprobieren. Sie werden feststellen, dass auch ein Brot mit Guinness geschmacklich überzeugen kann.

Zutaten:

- 8 Gramm Frischhefe
- 300ml Guiness Bier
- 1EL Zuckerrübensirup
- 250g Roggenmehl
- 470g Weizenmehl
- 75g Sauerteig
- 2 reife Bananen
- 100g Haferflocken
- 2TL Salz
- Öl

Zubereitung:

Im ersten Schritt sollten Sie die Hefe und den Zuckerrübensirup im lauwarmen Bier auflösen. Anschließend sollten Sie beide Mehlsorten in einer Schüssel mischen und den Sauerteig und die Haferflocken hinzufügen. Kneten Sie die Zutaten gut miteinander durch, sodass ein ansehnlicher Teig entsteht. Daraufhin sollten Sie das Salz hinzufügen und für weitere Minuten den Teig verkneten. Während Sie den Teig kneten, sollten Sie in Esslöffeln pürierte Bananen hinzugeben.

Falls der Teig zu klebrig werden sollte, sollten Sie noch ein wenig Weizenmehl hinzufügen. Der Teig sollte sich vom Schüsselrand lösen und eine weiche Konsistenz besitzen. Geben Sie den Teig nun in eine große, geölte Schüssel und stellen Sie diese abgedeckt an einen warmen Ort. Hier sollte der Teig für circa 45 Minuten ruhen. Im Anschluss kneten Sie den Teig auf einer bemehlten Arbeitsfläche kurz durch und formen ihn rund. Geben Sie die Kugel nun in eine bemehlte Schüssel und lassen Sie diese Schüssel an einem warmen Ort für circa eine Stunde ruhen.

In der Zwischenzeit können Sie sich um den Feuertopf kümmern. Diesen sollten Sie auf circa 250 Grad vorheizen. In der Regel nimmt das 45 Minuten in Anspruch. Sobald dies geschehen ist, können Sie den Teig in den Feuertopf gleiten lassen, mit dem Deckel verschließen und nun sollte das Brot für 15 Minuten backen. Anschließend sollten Sie die Temperatur auf 210 Grad senken und das Brot in maximal 45 Minuten fertig backen. Nehmen Sie nun das Brot aus dem Topf und lassen Sie dieses nochmals für 10 Minuten liegen. Sobald das Brot ausgekühlt ist, können Sie es genießen.

Hähnchenbollen auf Wurzelgemüse

Ein einfaches Mittagessen, welches Sie schnell zubereitet haben.

Zutaten:

- 1EL Pflanzenöl
- 12 große Karotten
- 22 große Kartoffeln
- 5 Petersilienwurzeln
- 1/2 Kürbis
- Eine Gemüsezwiebel
- 2 große Tomaten
- Einen Bund Petersilie
- 2 Lorbeerblätter
- 1EL Paprikapulver
- Salz und Pfeffer
- Einen Schuss Worcestersauce
- 3/4 Liter Wasser
- 1EL Gemüsebrühe
- 10 Hähnchenschenkel
- Eine Portion Gewürzmischung

Zubereitung:

Auch, wenn die Zutatenliste sehr lang scheinen mag, können Sie das Gericht zügig zubereiten. Im ersten Schritt sollten Sie etwa 24 Briketts im Anzündkamin anzünden. Diese sollten zusammen eine Temperatur von etwa 160-180 Grad erreichen können. Sobald Sie dies getan haben, können Sie den Feuertopf mit 1EL Pflanzenöl ausreiben.

Nun widmen Sie sich dem Gemüse. Schälen Sie die Wurzeln, die Kartoffeln und die Karotten und schneiden Sie diese in mundgerechte Stücke. Geben Sie das Schnittgut unmittelbar in den Feuertopf. Halbieren und entkernen Sie den Kürbis. Achten Sie darauf, dass Sie diesen nicht schälen. Schneiden Sie den Kürbis in mundgerechte Stücke und geben Sie diesen ebenfalls in den Dutch Oven. Schälen Sie die Zwiebel und hacken Sie diese grob, würfeln Sie die Tomate und hacken Sie die Petersilie fein. Nun geben Sie zum Schluss noch die Worcestersauce, den Salz, den Pfeffer, die Lorbeerblätter und das Paprikapulver in den Dutch Oven und verrühren Sie alles miteinander.

Zum Schluss geben Sie das Wasser hinzu und verrühren dieses mit der Gemüsebrühe. Verteilen Sie das Gemisch über dem Gemüse. Nun kümmern Sie sich um die Hähnchenschenkel. Diese sollten Sie in der Brühe kräftig einreiben und im Anschluss in den Ofen legen. Verteilen Sie nun 10 Briketts unter dem Ofen und 14 auf dem Deckel. Das gesamte Gericht sollte für circa 1 Stunde und 20 Minuten kochen. Anschließend können Sie es von der Feuerstelle nehmen und genießen.

Pfannkuchen

Kommen wir zu einem ganz klassischen Gericht. Diesmal aber nicht aus der Pfanne, wie es eigentlich üblich ist, sondern aus dem Feuertopf. Es geht um die Zubereitung von Pfannkuchen im Feuertopf.

Zutaten:

- Eier
- Mehl
- Milch
- Salz
- Zucker
- Eine Prise Zimt

Zubereitung:

Die Zutatenliste ist nicht sehr lang und dementsprechend schnell lässt sich eigentlich auch das Gericht zubereiten. Im ersten Schritt sollten Sie alle Zutaten nach gutem alten Rezept in einer Rührschüssel miteinander verrühren. Am besten Sie fangen damit an, die Eier aufzuschlagen. Achten Sie bei der Zubereitung des Teiges darauf, dass Sie einen gleichmäßigen Teig erhalten. Diesen können Sie nämlich mit Milch wieder dünnflüssig bekommen. So können Sie auf einfache Art und Weise Klümpchen im Teig vermeiden.

Bringen Sie im Anschluss die Grillkohle auf die richtige Temperatur. Eine Temperatur von knapp 180-200 Grad sollte ausreichen. Achten Sie darauf, dass Sie die Grillkohle sowohl unten als auch oben gleichmäßig verteilen. Bevor Sie den Teig in den Feuertopfdeckel geben, sollten Sie ein wenig Rapsöl nutzen. So können Sie die Pfannkuchen später einfacher lösen. Deshalb ist es empfehlenswert, wenn Sie auf diese Art und Weise vorgehen. Die Pfannkuchen sollten in wenigen Minuten fertig sein, sodass Sie sehr schnell Ihr Frühstück genießen können. Genießen Sie Ihr Frühstück einfach mal auf eine andere Art und Weise.

Milchreis

Milchreis aus dem Feuertopf? Das geht doch gar nicht oder? Das stimmt leider nicht ganz. Es stimmt zwar, dass der Milchreis bei der Zubereitung im Feuertopf sehr schnell anbrennen kann, jedoch muss das nicht unbedingt der Fall sein. Es ist durchaus eine Herausforderung, wenn Sie Milchreis im Dutch Oven zubereiten können. Jedoch schmeckt ein richtig zubereiteter Milchreis umso besser.

Zutaten:

- Zucker
- Milch
- Reis

Zubereitung:

- Zu allererst müssen einige Vorbereitungen erledigt werden.
- Nutzen Sie im ersten Schritt einen Anzünder, um Ihren Ofen zu befeuern. Bringen Sie die Grillkohle auf die richtige Temperatur und benetzen Sie den Boden des Topfes mit ein wenig Rapsöl. Nun kommen wir auch schon zu der Zubereitung.
- Hierzu müssen Sie lediglich die Milch hinzugeben und direkt auch den Milchreis hinterher geben. Nun kommt es zu einem kritischen Punkt, wird der Reis anbrennen oder nicht? Wenn Sie bis hierhin alles richtig gemacht haben, sollte der Reis nicht anbrennen. Achten Sie aber dennoch darauf, dass Sie in regelmäßigen Zeitabständen alles umrühren. Der große Vorteil an einem Dutch Oven besteht unter anderem darin, dass er die Wärme sehr gleichmäßig verteilt. So kann der Reis in der Milch sehr gut quellen. Servieren Sie Ihren Milchreis, wenn Sie es für richtig erhalten.

Gefüllter Kürbis aus dem Feuertopf

Sobald die Grillsaison schon fast vorbei ist, beginnt auch schon die Kürbiszeit. Diese gibt dir nochmal einen guten Grund, deinen Dutch Oven auszupacken und mit diesem zu arbeiten. Denn ein gefüllter Kürbis passt nicht nur perfekt in die Herbstzeit, sondern überzeugt auch durch einen herzhaften Geschmack.

Zutaten:

- 3 Kartoffeln
- 1EL Pfeffer
- Einen Kürbis
- 600g Hackfleisch
- Ein Ei
- Zwei Chilis
- 1EL frische Kräuter
- 150g geriebenen Edamer
- 1EL Salz
- 4 gemahlene Pimentkörner
- 4 Scheiben Schweinebauch
- 100ml Brühe
- Ein Brötchen

Zubereitung:

Auch wenn die Zutatenliste sehr lang aussieht, ist die Zubereitung umso einfacher. In nur acht kleinen Schritten haben Sie eine extravagante Mahlzeit im Feuertopf zubereitet. Im ersten Schritt kümmern Sie sich um die Kräuter, den Chili und das Knoblauch. Diese sollten Sie fein hacken. Daraufhin sollten Sie den Deckel vom Kürbis abschneiden und den Kürbis aushöhlen. Wenn der Kürbis selbst ohne Deckel nicht ganz in den Ofen passen sollte, sollten Sie zusätzlich ein Stück vom Boden abschneiden. Dieses Stück vom Boden kann dann gehackt oder gewürfelt mit in das Hackfleisch.

Im Anschluss vermengen Sie das Ei, einen Großteil des Käses, die Kräuter, das Chili, die Gewürze und das Hackfleisch mit dem Brötchen miteinander. Diese Masse füllen Sie in den Kürbis. Streuen Sie nach diesem Schritt den restlichen Käse drauf und geben Sie den Deckel des Kürbisses drauf. Legen Sie nun den Boden des Feuertopfes mit den Bauchscheiben aus. Den Kürbis sollten Sie mittig raufsetzen.

Waschen Sie die Kartoffeln und halbieren Sie diese längs. Die halbierten Kartoffeln sollten Sie neben dem Kürbis verteilen. Nach Belieben können Sie die Kartoffeln mit Salz oder einer Gewürzmischung würzen. Hier haben Sie freien Spielraum. Falls noch Bauchfleisch übrig sein sollte, können Sie dieses dazu nutzen, um es auf den Kartoffeln zu verteilen. Im folgenden Schritt gießen Sie die Brühe an. Nun geht es an die Verteilung der Briketts. Circa 1/3 der Briketts sollten unten verteilt werden und 2/3 der Briketts oben. Lassen Sie den gefüllten Kürbis für circa 2 Stunden schmoren und genießen Sie ihn daraufhin.

Gefüllte Paprikaschoten

Gefüllte Paprikaschoten sind ein echter Klassiker. Sie können diese in allen Variationen zubereiten. Egal, ob eine Party demnächst ansteht oder Sie einfach mit Freunden zusammen ein kleines Event organisieren, gefüllte Paprikaschoten gehören in der Regel einfach mit dazu.

Zutaten:

- 8 große, rote Paprikaschoten
- 5 gewürfelte Zwiebeln
- 2 Bund Petersilie
- 1 grüne Paprikaschote
- 5 Knoblauchzehen
- Eine Dose Mais mit roten Bohnen
- 3EL Paprikapulver
- 1EL Thymian
- 1EL Majoran

- 1EL gehäuften Pfeffer
- 1EL gehäuften Selleriesalz
- 2 Semmel
- 2 Eier
- 1,3kg Hackfleisch
- 3EL Keimöl
- 250ml Rotwein
- 700g Tomaten
- Eine Tasse Sauce
- 300g geriebenen Käse

Lassen Sie sich nicht von der langen Zutatenliste abschrecken. Das Ganze sieht komplizierter aus, als es ist. Die Zubereitung der Paprikaschoten im Feuertopf ist gar nicht so schwer, wie Sie vielleicht denken. Sie können Ihre Paprikaschoten in wenigen Schritten zubereiten. Jedoch sollten Sie darauf achten, dass Sie jeden Schritt genau beachten, um ein optimales Ergebnis zu erzielen.

Zubereitung:

Im ersten Schritt sollten Sie den Feuertopf vorbereiten. Nachdem dies getan ist, kümmern Sie sich um die Füllung. Hierzu nehmen Sie jeweils die Hälfte der Petersilie, des Knoblauchs und der Zwiebeln und packen diese in eine große Schüssel. Hinzu kommen Eier, Mais mit roten Bohnen, Semmel und das Hackfleisch. Geben Sie zusätzlich alle Gewürze hinzu und vermischen Sie die Zutaten gut miteinander. Im Anschluss können Sie die Füllung in die Paprikaschoten drücken.

Um die Soße vorzubereiten, sollten Sie alle Zutaten im Feuertopf parat legen. Sobald der Topf eine gute Hitze erreicht hat, können Sie die restlichen Zwiebeln hinzugeben und nach 20 Sekunden das Öl ergänzen. Sobald die Zwiebeln eine gute Farbe angenommen haben, geben Sie die Petersilie, den Knoblauch und die grüne Paprika hinzu. Geben Sie zusätzlich die Reste vom Deckel der roten Paprikaschoten hinzu, diese sollten Sie natürlich auch würfeln. Lassen Sie nun alles für eine weitere Minute im Topf und rühren Sie dabei kräftig um. Der Knoblauch sollte unter keinen Umständen braun werden. Löschen Sie die gesamte Menge mit der Hälfte des Rotweins ab. Daraufhin füllen Sie alles mit dem restlichen Wein auf, geben die Tomaten und die Sauce hinzu.

Auf die gefüllten Paprikaschoten sollten Sie den geriebenen Käse geben und andrücken. Die Paprika sollten Sie stehend im Feuertopf platzieren, sodass diese nicht umfallen. Das ist ein kleines Kunststück, jedoch ist dieser Schritt wichtig. Falls noch Käse übrig sein sollte, können Sie diesen einfach darauf verteilen. Es ist kein Problem, falls Käse in die Soße fallen sollte. Legen Sie im Anschluss den Deckel auf. Die Temperatur sollte sich bei etwa 200 Grad bewegen. Die Garzeit beträgt in etwa 2 Stunden. Nach der Hälfte und nach 3/4 der Zeit sollten Sie nachschauen, ob nicht noch Flüssigkeit nachgefüllt werden muss. In der Regel sollte dies nicht nötig sein, da die Paprikaschoten auch an Flüssigkeit verlieren. Sobald der Käse eine schöne Bräunung erreicht hat, ist alles fertig. Rühren Sie die Soße nochmals kräftig um und servieren Sie das Gericht. Die Beilagen zu Ihren Paprikaschoten können Sie beliebig auswählen.

Maritime Tomatensuppe

Zutaten:

- 250 Gramm Tiefkühl-Garnelen
- 1 Dose Tomaten (ca. 850 Milliliter)
- 1 rote Paprikaschote
- 2 Zwiebeln, gewürfelt
- 2 Knoblauchzehen, fein gewürfelt
- 4 Esslöffel Olivenöl
- 250 Milliliter Gemüsebrühe
- 300 Gramm Kirschtomaten
- 600 Gramm Seelachsfilet
- Salz
- Pfeffer
- 2 Lorbeerblätter
- Einige Stängel Petersilie, gehackt

Zubereitung:

1. Die Garnelen auftauen lassen. Den Fisch in Würfel schneiden.
2. Die Paprika in Würfel schneiden und die Tomaten halbieren.
3. Den Feuertopf vorbereiten und wenn er heiß ist, die Zwiebeln, den Knoblauch und den Paprika für 5 Minuten hinzufügen.
4. Mit der Brühe und den Tomatenkonserven ablöschen, die Tomaten pürieren.
5. Lorbeerblätter, Pfeffer und Salz hinzufügen. Ca. 10 Minuten garen, die Kirschtomaten dazugeben und weitere 10 Minuten garen.
6. Fisch und Garnelen hinzufügen und ca. 5 Minuten drin lassen.
7. Mit Petersilie servieren.

Pfirsich-Tomatensuppe mit Mozzarella

Zutaten:

- 12 gelbe Rispentomaten
- 3 Pfirsiche
- 1 cm Ingwerknolle, gerieben
- 3 Teelöffel Zitronensaft
- Ingwerpulver
- 1 Päckchen Mozzarella-Kugeln
- 1 Schuss Sahne
- 1 Esslöffel Zitronensaft
- Olivenöl, Einige Minzeblättchen

Zubereitung:

1. Die Tomaten schräg schneiden und 20 Minuten in den Feuertopf geben.
2. Das Wasser ablassen und die Tomaten in kaltem Wasser abkühlen lassen. Die Pfirsiche schräg schneiden und 30 Sekunden blanchieren. Die Haut von den Tomaten und Pfirsichen entfernen und das Fleisch würfeln.
3. Pfirsiche, Tomaten, Ingwer und Sahne mit einem Stabmixer putzen. Mit Zitronensaft, Salz und Pfeffer würzen und 30 Minuten abkühlen lassen.
4. Die Suppe mit Mozzarellakugeln, Olivenöl und Minzeblättern servieren.

Fleischsuppe mit Käse

Zutaten für 4 Portionen

- 400 g Hackfleisch, gemischt
- 200 g Schmelzkäse
- Kräuter
- 5 Kartoffel, mittelgroß
- 2 Stangen Lauch
- 1 l Gemüsefond
- Salz
- Pfeffer
- Muskat
- Olivenöl

Zubereitung:

1. Tomaten kreuzweise einschneiden und 20 Minuten in den Feuertopf geben. Wasser abgießen und Tomaten mit kaltem Wasser abkühlen. Pfirsiche kreuzweise einschneiden und 30 Sekunden blanchieren. Von den Tomaten und Pfirsichen die Haut abziehen und das Fruchtfleisch würfeln.
2. Pfirsiche, Tomaten, Ingwer und Sahne mit dem Stabmixer pürieren. Mit Zitronensaft, Salz und Pfeffer abschmecken und 30 Minuten kühlen.
3. Suppe mit Mozzarella-Kugeln, Olivenöl und Minzeblättchen servieren.

Karotten-Cremesuppe

Zutaten für 2 Portionen

- 2 Karotten, groß
- 1 Petersilienwurzel
- 2 Kartoffeln, groß
- 10 g Sellerie
- 450 ml Gemüsefond
- 1 Handvoll Rucola, fein gehackt
- Salz
- Pfeffer
- Muskatnuss
- Mandelblättchen

Zubereitung:

1. Das Gemüse putzen und in etwa 1 cm große Stücke schneiden.
2. In dem Topf den Gemüsefond aufkochen lassen, das Gemüse hineingeben und zugedeckt etwa 15 Minuten garen lassen.
3. Die Suppe mit einem Stabmixer im Topf pürieren, nach Belieben würzen.
4. Beim Anrichten die Suppe mit dem fein gehackten Rucola und den Mandelblättchen bestreuen.

Kartoffel-Cremesuppe mit Kräutern

Zutaten für 4 Portionen

- 500 g Kartoffeln
- 1 l Gemüsefond
- 250 ml Buttermilch
- 2 EL Mehl
- 1 Zwiebel, fein gehackt
- Frische Kräuter (Petersilie, Kerbel, Schnittlauch, Kresse, Majoran)
- Salz
- Pfeffer
- Muskat
- Öl

Zubereitung:

1. Die Kartoffeln schälen und in kleine Stücke schneiden, die Zwiebel fein hacken.
2. In einem Topf etwa 2 EL Öl erhitzen und die Zwiebel glasig dünsten. Die Kartoffelstücke hinzufügen, mit Mehl bestäuben und mitdünsten.
3. Mit dem Gemüsefond ablöschen und die Suppe zugedeckt etwa 20 Minuten lang köcheln lassen.
4. Dazwischen die Kräuter putzen, klein schneiden und zusammen mit der Buttermilch mit dem Stabmixer pürieren. Beiseitestellen.
5. Nun mit dem Stabmixer auch die heiße Suppe pürieren,

würzen und noch einmal kurz aufkochen lassen.
6. Den Buttermilch-Kräuter-Mix in die Suppe einrühren, schaumig aufschlagen und nach Bedarf nachwürzen.

Ochsenschwanzsuppe

Zutaten:

- 750 Gramm Ochsenschwanz
- 2 Möhren
- ¼ Sellerieknolle
- ½ Porreestange
- 2 Zwiebeln, gewürfelt
- 2 Esslöffel Tomatenmark
- 2 Teelöffel Butterschmalz
- 1 Liter Gemüsebrühe
- 1/8 Liter Rotwein
- 10 Pimentkörner
- 1 Lorbeerblatt
- Einige Pfefferkörner
- 40 Gramm Mehl
- 60 Gramm Butter
- Salz
- Pfeffer
- Etwas Madeira

Zubereitung:

1. Möhren und Sellerie schälen und würfeln. Porree in Ringe schneiden. Butterschmalz im Feuertopf erhitzen und Ochsenschwanz darin anbraten. Zwiebeln und Gemüse dazugeben und mitschmoren. Tomatenmark unterrühren, mitschmoren.
2. Mit Rotwein und Brühe ablöschen. Gewürze dazugeben und alles ungefähr zweieinhalb Stunden kochen.
3. Fleisch herausnehmen, von den Knochen lösen und in feine Stücke schneiden. Flüssigkeit durch ein Sieb gießen und das Gemüse ausdrücken.
4. Butter erhitzen und Mehl einrühren. Brühe langsam unterrühren. Fleisch dazugeben, mit Madeira, Salz und Pfeffer abschmecken.

Brokkoli-Suppe

Zutaten:

500 Gramm Brokkoli , 1 Kartoffel , 150 Gramm Feldsalat , 100 Gramm Emmentaler , Etwas Zitronenabrieb , Gemüsebrühe , Muskatnuss, Salz, Pfeffer ,Saft einer halben Zitrone ,1 Handvoll Nüsse ,50 Milliliter Sahne

Zubereitung:

1. Brokkoli in Röschen teilen. Kartoffel schälen und würfeln. Kartoffeln und Brokkoli bissfest garen und das Kochwasser auffangen.
2. Vom Kochwasser die Hälfte zu Brokkoli und Kartoffeln geben und pürieren. Zitronenabrieb und Feldsalat dazugeben, pürieren.
3. Emmentaler in Stücke schneiden, in die Suppe geben und schmelzen. Muskatnuss in die Suppe reiben, Salz und Pfeffer hinzufügen. Zitronensaft unterrühren.
4. Nüsse rösten. Suppe mit Sahne und Nüssen servieren.

Möhren-Orangen-Suppe

Zutaten:

- 700 Gramm Möhren
- 3 unbehandelte Orangen
- 1 Kartoffel
- 10 Gramm Ingwer, gerieben
- 1 Zwiebel, gewürfelt
- 1 Liter Gemüsebrühe
- 1 Esslöffel Butterschmalz
- 1 Messerspitze Kurkuma
- Salz
- Pfeffer
- 2 Teelöffel Honig
- 50 Gramm Schlagsahne
- 100 Gramm Creme Fraiche

Zubereitung:

1. Möhren und Kartoffel schälen und würfeln. Von einer Orange die Schale abreiben. Die Orangen auspressen.
2. Butterschmalz erhitzen und Möhren, Kartoffel und Zwiebel im Topf anbraten. Das Gemüse soll nicht braun werden. Brühe, Orangensaft, Orangenschale, Ingwer und Gewürze dazugeben und noch 20 Minuten köcheln lassen.
3. Honig und Schmand in die Suppe geben und Suppe pürieren. Sahne schlagen und die Suppe damit servieren.

Scharfe Tomatensuppe mit Lavendel

Zutaten für 2 Portionen

- 300 g Tomaten aus der Dose
- 150 ml Gemüsefond
- 1 Zwiebel, fein gehackt
- 1 Knoblauchzehe, fein gehackt
- Öl
- Salz
- Pfeffer
- Chilli
- Koriander
- Kümmel
- 1 Lavendel-Zweig

Zubereitung:

1. In dem Feuertopf etwa 1 EL Öl erhitzen und darin die Zwiebel und den Knoblauch glasig dünsten. 5 Blättchen des Lavendels ebenfalls feinhacken und hinzufügen.
2. Die Tomaten samt der Flüssigkeit dazu geben und mit den Gewürzen abschmecken. Zugedeckt etwa 15 Minuten lang köcheln lassen.
3. Mit einem Stabmixer die Suppe fein pürieren, nach Belieben nachschärfen. Mit Lavendel-Blüten bestreut die Suppe servieren. Tipp: Die Gewürze können mit etwa 1 TL Harissa ersetzt werden.

Kürbis-Karotten-Ingwer-Cremesuppe

Zutaten für 2 Portionen

- 100 g Karotten
- 100 g Kürbis
- 30 g Ingwer, geraspelt
- 1 Zwiebel, klein, fein gehackt
- 1 Knoblauchzehe, fein gehackt
- 400 ml Gemüsefond
- 100 ml Kokosmilch
- Salz
- Curry
- Öl

Zubereitung:

1. Die Karotte und den Kürbis schälen und in kleine Stücke schneiden.
2. In dem Feuertopf das Öl erhitzen und darin die Zwiebel und den Knoblauch glasig dünsten. Den Ingwer einraspeln.
3. Das Ganze mit dem Gemüsefond ablöschen, die Karotten- und Kürbisstücke dazugeben, würzen und etwa 10 Minuten lang köcheln lassen.

Eintopf aus Tomaten-Bohnen-Kartoffeln

Zutaten für 4 Portionen:

- 1 große Dose Tomaten
- 1 groß Dose grüne Bohnen
- 4 Kartoffeln
- 1 Mettwurst
- 2 Zwiebeln, fein gehackt
- 1 EL Gemüsefond
- Salz
- Pfeffer
- Öl

Zubereitung

1. In dem Topf etwa 1 EL Öl erhitzen und darin die Zwiebel glasig dünsten.
2. Den Inhalt der Dose Tomaten und die Flüssigkeit aus der Dose Bohnen hinzufügen und dieses etwa 10 Minuten lang köcheln lassen.
3. Nun die Mettwurst, in kleinere Stücke geschnitten, hinzufügen, mit Salz und Pfeffer würzen und erneut etwa 10 Minuten lang köcheln lassen.
4. Dazwischen die Kartoffeln schälen und in kleine Würfel schneiden, ebenso die Bohnen in mundgerechte Stücke. Dieses in die Suppe geben und für eine weitere halbe Stund mit weniger Steinen und Hitze köcheln lassen.

Eintopf aus Rindfleisch-Bohnen-Kartoffeln

Zutaten für 4 Portionen

- 500 g Rindfleisch mager
- 800 g grüne Bohnen
- 500 g Kartoffeln
- 1 Zwiebel, groß, fein gehackt
- 750 ml, Gemüsefond
- Salz
- Pfeffer
- Bohnenkraut
- Öl

Zubereitung:

1. Das Fleisch in Würfel schneiden.
2. In dem Topf etwa 2 EL Öl erhitzen und das Fleisch darin rundum anbraten. Die Zwiebeln hinzufügen, mit Salz und Pfeffer würzen und mit der Hälfte des Gemüsefonds ablöschen. Zugedeckt etwa 20 Minuten lang schmoren lassen.
3. Dazwischen die Bohnen in mundgerechte Stücke schneiden. Die Kartoffeln schälen und in Würfel schneiden. Das Bohnenkraut (2 Stängel) waschen und trockentupfen.
4. Diese Zutaten zusammen mit dem restlichen Gemüsefond zum Fleisch hinzufügen, kurz aufkochen lassen und auf kleiner Stufe fertig köcheln lassen. Vor dem Servieren die Stängel Bohnenkraut entfernen.

Eintopf aus Karotten-Kartoffeln-Käse

Zutaten für 4 Portionen:

- 400 g Karotten
- 500 g Kartoffeln
- 350 g Depreziner (Cabanossi, Kletzer), in Scheiben geschnitten
- 200 g Schmelzkäse
- Kräuter
- 1 Zwiebel, groß, fein gehackt
- 1 Stange Lauch
- 1 EL Mehl
- 950 ml Gemüsefond
- 200 ml Schlagsahne
- Salz
- Pfeffer
- Petersilie
- Öl

Zubereitung:

1. Die Karotten schälen und in Scheiben schneiden. Die Kartoffel schälen und in Würfel schneiden. Den Lauch in Ringe schneiden. Die Wurst in Scheiben schneiden.
2. In dem Feuertopf 3 EL Öl erhitzen und die Wurstscheiben darin anbraten. Die Zwiebel dazumengen und glasig andünsten. Mit Mehl bestauben und mit etwas Fond angießen.

3. Nun die Karotten und Kartoffeln dazugeben und den Rest des Fonds. Das Ganze etwa 15 Minuten lang köcheln lassen.
4. Den Schmelzkäse und die Sahne unterrühren, die Lauchringe hinzufügen und mit Salz und Pfeffer würzen. Mit gehackter Petersilie bestreuen.

Soljanka

Zutaten:

- 300 Gramm Jagdwurst
- 150 Gramm Salami
- 150 Gramm Speck
- 1 Zwiebel, gewürfelt
- 2 Knoblauchzehen, fein gewürfelt
- 1 Esslöffel Olivenöl
- 1 grüne Paprikaschote
- 1 rote Paprikaschote
- 3 Esslöffel Tomatenmark
- 10 Cornichons
- Gurkenwasser von den Cornichons
- 1 Liter Fleischbrühe
- 1 Teelöffel Chilipulver
- 1 Lorbeerblatt
- 1 Esslöffel Paprika edelsüß
- Salz
- Pfeffer
- 1 Bund Schnittlauch, in Röllchen
- 2 Esslöffel Schmand

Zubereitung:

1. Wurst und Speck in Würfel schneiden. Paprika in Würfel, Cornichons in Scheiben schneiden. Speck auslassen und braten. Wurst dazugeben und anbraten. Zwiebel und Knoblauch hinzufügen und mitbraten.
2. Mit Brühe ablöschen. Tomatenmark, Paprika, Gurken und Lorbeerblatt dazugeben und etwa 30 Minuten kochen. Gurkenwasser und alle Gewürze unterrühren. Mit Schnittlauch und Schmand servieren.

Nudeln mit Tomaten und Basilikum

Zutaten:

- 500 Gramm Nudeln
- 400 Gramm gehackte Tomaten aus der Dose
- 5 Knoblauchzehen, gewürfelt
- 1 Zwiebel, gewürfelt
- 1 Bund Basilikum
- 1 Liter Gemüsebrühe
- 2 Esslöffel Oregano, getrocknet
- 3 Esslöffel Olivenöl
- Salz
- Pfeffer Parmesan, gerieben

Zubereitung:

1. Nudeln, Tomaten, Zwiebeln, Knoblauch und Oregano in einen Topf geben und kochende Gemüsebrühe dazugeben. Olivenöl unterrühren.
2. Alles etwa 10 Minuten im Topf kochen lassen. Würzen. Basilikum grob zerschneiden und zusammen mit Parmesan über die Nudeln geben.

Nudeln mit Frischkäsesauce und Räucherlachs

Zutaten:

- 300 Gramm Rigatoni
- 100 Gramm Räucherlachs
- 150 Milliliter Sahne
- 1 Packung Frischkäse (ca. 150 Gramm)
- 1 Zwiebel, gewürfelt
- 5 Zweige Dill
- 1 ½ Esslöffel
- Olivenöl
- Salz
- Pfeffer
- Zitronensaft

Zubereitung:

1. Nudeln in Salzwasser garen.
2. Olivenöl im Topf erhitzen und Zwiebeln darin anbraten. Frischkäse und Sahne dazugeben, einreduzieren lassen. Lachs in Stücke schneiden, Dill fein hacken.
3. Nudeln abgießen und in die Sauce geben. Salz, Pfeffer, Lachs und Dill unterheben. Mit Zitronensaft abschmecken.

Nudeln mit Pak Choi und Paprika

Zutaten:

- 240 Gramm Hähnchenbrust
- 200 Gramm Pak Choi
- 1 rote Paprikaschote
- 230 Gramm Spaghetti
- 150 Milliliter Kokosmilch
- 20 Milliliter Sojasauce
- 20 Milliliter Sesamöl
- 2 Gramm Gewürzmischung
- 250 Milliliter Gemüsebrühe
- Salz
- Pfeffer

Zubereitung:

1. Pak Choi und Paprika in Streifen schneiden. Sojasauce und Gewürzmischung verrühren und das Fleisch darin etwa eine Stunde marinieren. Hähnchenfleisch würfeln.
2. Brühe und Kokosmilch zum Kochen bringen und alle Zutaten bis auf Salz, Pfeffer und Sesamöl hineingeben. Etwa 15 Minuten kochen lassen. Mit Salz und Pfeffer würzen und mit Sesamöl beträufeln.

Nudeln mit Kürbis

Zutaten:

- 350 Gramm Hokkaido-Kürbis
- 120 Gramm Möhren
- 1 Zwiebel, gewürfelt
- 250 Gramm Penne
- 400 Milliliter Gemüsebrühe
- 400 Milliliter Kokosmilch
- 2 Esslöffel Öl

Zubereitung:

1. Kürbis und Möhren schälen und würfeln.
2. Öl im Topf erhitzen und die Zwiebel darin anbraten. Mit Kokosmilch und Brühe ablöschen. Möhren und Kürbis zu den Zwiebeln geben und 5 Minuten kochen.
3. Nudeln dazugeben und unter Rühren garen.

Nudeln mit Speck und Mangold

Zutaten:

- 400 g Nudeln (Bandnudeln, Spiralen)
- 70 g Speck, mager, in Streifen geschnitten
- 4 Stangen Mangold
- 1 Zwiebel, groß, fein gehackt
- 150 ml Weißwein
- Frische Kräuter (Petersilie, Kerbel, Schnittlauch, Minze)
- Salz
- Pfeffer
- Öl
- 1 EL Butter

Zubereitung:

1. Im Feuertopf Wasser zum Kochen bringen und die Nudeln darin bissfest garen.
2. Dazwischen den Mangold in Stücke schneiden. Die Kräuter fein hacken.
3. Die Nudeln abseihen, jedoch ca. 100 ml Kochwasser zurück behalten. 4. Im Topf etwa 1 EL Öl erhitzen und darin den Speck knusprig anbraten, herausnehmen und beiseitestellen.
4. Im restlichen Öl die Mangoldstücke zusammen mit der Zwiebel anbraten. Mit dem Weißwein ablöschen, das Nudelwasser hinzufügen und die Butter. Das Ganze kurz aufkochen lassen. Nun die Nudeln untermengen, zusammen mit der Hälfte der fein gehackten Kräuter, mit Salz und Pfeffer würzen.
5. Auf Teller anrichten und mit den Speckstreifen garnieren, mit den restlichen Kräuter bestreuen.

Hühnerbrust in Nudeln

Zutaten:

- 350 g Nudeln
- 400 g Hühnerbrust
- 150 g Champignons
- 300 g Tomaten
- 1 Paprika, rot
- 1 Zwiebel, groß, fein gehackt
- 3 Knoblauchzehen, fein gehackt
- 750 ml Hühnerfond
- 250 ml Weißwein
- 50 g Parmesan
- Salz
- Pfeffer
- Basilikum
- Kräuter der Provence
- Öl

Zubereitung:

1. Die Hühnerbrust in Stücke schneiden. Die Paprika waschen, entkernen und in Stücke schneiden. Die Champignons und Tomaten putzen und klein schneiden.
2. In einem Topf das etwa 1 EL Öl erhitzen, die Zwiebel mit dem Knoblauch kurz andünsten und das Fleisch darin rundum kurz anbraten, herausnehmen, leicht mit Salz und Pfeffer würzen und beiseitestellen.
3. Die Nudeln im Hühnerfond und Weißwein bissfest kochen. Die Champignon-, Tomaten- und Paprikastücke hinzufügen, ebenso die Fleischstücke. Mit etwas Kräuter würzen. Auf kleiner Stufe alles garen lassen, falls notwendig noch etwas Wasser hinzugeben.
4. Auf Teller anrichten, mit Kräuter und Parmesan bestreuen.

Nudeln in Hackfleisch

Zutaten:

- 350 g Nudeln
- 350 g Hackfleisch, gemischt
- 1 Dose Tomaten, klein
- 1 Zwiebel, groß, fein gehackt
- 2 Knoblauchzehen, fein gehackt
- 3 EL Frischkäse, mit Kräuter
- 500 ml Gemüsefond
- Salz
- Pfeffer
- Muskatnuss
- Paprikapulver
- Öl

Zubereitung:

1. Im Topf 2 EL Öl erhitzen und die Zwiebel und den Knoblauch darin glasig dünsten. Das Hackfleisch hinzufügen und kurz anbraten.
2. Mit dem Gemüsefond ablöschen, die Nudeln und die Tomaten dazugeben, würzen und das Ganze etwa 15 Minuten lang köcheln lassen.
3. Wenn die Nudeln bissfest sind, den Frischkäse einrühren, die Herdplatte ausschalten und noch 5-10 Minuten lang ziehen lassen.

Nudeln in Linsen, Bohnen und Brokkoli

Zutaten:

- 200 g Nudeln
- 1 Dose Linsen, rot
- 1 Brokkoli, klein
- 150 g Fisolen
- 150 g Cocktailtomaten
- 1 Zwiebel, klein
- 2 Lauchzwiebeln, klein
- 2 Knoblauchzehen, fein gehackt
- 600 ml Gemüsefond
- 125 ml Schlagsahne
- Salz
- Pfeffer
- Chili
- Basilikum
- Öl

Zubereitung:

1. Die Linsen abseihen. Den Brokkoli waschen und in Röschen teilen, die Fisolen waschen und in mundgerechte Stücke schneiden. Den Lauch in feine Streifen schneiden, die Zwiebel fein hacken, ebenso das Basilikum. Die Cocktailtomaten halbieren.
2. In einem Topf alle Zutaten zusammen reingeben und zum Kochen bringen, die Hitze reduzieren und etwa 15 Minuten garen lassen.
3. Mit Salz, Pfeffer und etwas Chili abschmecken. Mehrmals umrühren und sofort servieren.

Nudeln mit Paprika-Mix

Zutaten:

- 300 g Nudeln (Spaghetti)
- 3 Paprika, rot-grün-orange
- 1 Dose Tomaten, in Stücke
- 1 Zwiebel, klein
- 500 ml Gemüsefond
- 2 EL Balsamico-Essig
- Salz
- Pfeffer
- Paprikapulver
- Rosmarin
- Parmesan nach Belieben zum Bestreuen

Zubereitung:

1. Die Paprika waschen und in Streifen schneiden. Die Zwiebel in feine Ringe schneiden.
2. In einem Topf alle Zutaten zusammen reingeben und zum Kochen bringen. Die Hitze reduzieren, würzen und etwa 15 Minuten lang garen lassen.
3. Auf Teller anrichten und nach Belieben Parmesan darüber streuen. Toastscheiben mit dem Käse und dem Schinken belegen. Die restlichen Toastscheiben darauf legen.

Nudeln in Tomaten und Knoblauch

Zutaten:

- 500 g Nudeln
- 1 Dose Tomaten, in Stücke
- 6 Knoblauchzehen, fein gehackt
- 1 Zwiebel, groß, fein gehackt
- 1000 ml Gemüsefond
- Salz
- Chili
- Oregano
- Öl
- Parmesan nach Belieben zum Bestreuen

Zubereitung

1. In einem Topf Tomaten, Nudeln, die feingehackte Zwiebel und den Knoblauch reingeben und mit dem Gemüsefond zum Kochen bringen. Die Hitze reduzieren, 5 EL Oregano hinzufügen und das Ganze etwa 15 Minuten lang garen lassen.
2. Vor dem Servieren mit Salz und Chiliflocken abschmecken, auf Teller anrichten und nach Belieben mit Parmesan bestreuen.

Nudeln in Tomaten und Mozzarella

Zutaten:

- 400 Gramm passierte Tomaten
- 12 Kirschtomaten
- 1 Zucchino
- 1 Knoblauchzehe, fein gewürfelt
- 1 Möhre
- 2 Datteln
- 2 Teelöffel getrockneter Oregano
- 1 Teelöffel getrockneter Thymian
- 1 Bund Basilikum, gehackt
- 2 Esslöffel Tomatenmark
- 1 Esslöffel Olivenöl
- 400 Gramm Spaghetti

Zubereitung:

1. Die Zucchini waschen, die Karotten schälen und in kleine Stücke schneiden. Die Tomaten waschen, in Stücke schneiden und diese mit dem Stabmixer pürieren. Den Mozzarella in Würfel schneiden.
2. Im Topf alle Zutaten zusammen reingeben und zum Kochen bringen. Das Ganze etwa 15 Minuten lang garen lassen bis eine cremige Konsistenz entsteht. Dazwischen mehrmals umrühren.

Scharfe Nudeln

Zutaten:

- 200 g Nudeln
- 1 Dose Mais, klein
- 1 Dose Tomaten, gewürfelt, klein
- 1 Dose Bohnen, klein
- 1 Zwiebel, klein, fein gehackt
- 1 Paprika, rot
- 500 ml Gemüsefond
- 80 g Käse, gerieben (Gorgonzola)
- 1 TL Salz , Je 1 Msp. Chili und Cayennepfeffer

Zubereitung:

1. Den Paprika waschen, entkernen und in kleine Würfel schneiden.
2. In einem Topf Mais, Tomaten, Nudeln, Paprika, Zwiebel und Gemüsefond reingeben und zum Kochen bringen. Das Ganze etwa 15 Minuten lang garen lassen.
3. Nun mit Salz, Chili und Pfeffer würzen, die abgeseihten Bohnen dazu geben und den Käse einreiben.

Reispfanne mit Karotten in Curry-Sahne

Zutaten:

2 kleine Tassen Reis, 6 Karotten, 250 ml Schlagsahne, 250 ml Gemüsefond, 1 Zwiebel, mittelgroß, fein gehackt, 1 Knoblauchzehe, fein gehackt, Salz, Pfeffer, Currypulver, Öl

Zubereitung:

1. Die Karotten schälen und in kleine Würfel schneiden.
2. Im Topf 1 EL Öl erhitzen und darin die Zwiebel und den Knoblauch glasig dünsten. Den Reis zusammen mit dem Gemüsefond hinzufügen, salzen und etwa 10 Minuten lang köcheln lassen.
3. Nun die Karotten dazu mengen, ebenso die Schlagsahne und mit Curry und Pfeffer würzen. Die Hitze reduzieren und das Ganze zugedeckt weitere 10 Minuten lang garen lassen, bis der Reis fertig ist.

Reispfanne mit Gemüse und Pilzen

Zutaten:

- 2 kleine Tassen Reis
- 1 Zucchini, klein
- 1 Paprika, rot
- 1 Paprika, gelb
- 1 Zwiebel
- 250 g Champignons
- 400 ml Gemüsefond
- 1 EL Tomatenmark
- Salz
- Pfeffer
- Chili
- Öl

Zubereitung:

1. Zucchini und Paprika waschen und in kleine Würfel schneiden. Die Champignons putzen und in kleine Stücke schneiden.
2. Im Topf 1 EL Öl erhitzen, die gehackte Zwiebel darin andünsten und mit dem Tomatenmark verrühren.
3. Den Reis zusammen mit dem Gemüsefond hinzufügen, salzen und etwa 10 Minuten lang köcheln lassen.
4. Nun die Champignonstücke, Zucchini- und Paprikawürfel dazu mengen, mit den Gewürzen abschmecken und zugedeckt weitere 10 Minuten lang garen lassen.

Reispfanne mit Hackfleisch

Zutaten:

- 1 große Tasse Reis
- 500 g Hackfleisch, gemischt
- 1 Paprika, rot
- 1 Paprika, gelb
- 2 Zwiebeln, fein gehackt
- 400 ml Gemüsefond
- 1 EL Tomatenmark
- Salz
- Cayennepfeffer
- Paprikapulver
- Öl

Zubereitung:

1. Die Paprika waschen und in kleine Würfel schneiden. Die Zwiebel schälen und in Ringe schneiden.
2. Im Feuertopf 2 EL Öl erhitzen und das Hackfleisch darin rundum scharf anbraten. Die Paprikawürfel und Zwiebelringe hinzufügen, das Tomatenmark einrühren.
3. Nun den Reis dazu mengen, mit Salz, Pfeffer und Paprikapulver würzen, gut umrühren und mit dem Gemüsefond aufgießen. Das Ganze zugedeckt etwa 15-20 Minuten lang garen lassen, bis der Reis fertig ist.

Reispfanne mit Gemüse und Feta

Zutaten:

- 1 große Tasse Reis
- 1 Zucchini, mittelgroß
- 5 Tomaten, mittelgroß
- 1 Zwiebel, fein gehackt
- 1 Knoblauchzehe, fein gehackt
- 400 ml Gemüsebrühe
- 100 g Feta
- Salz
- Pfeffer
- Oregan

Zubereitung:

1. Die Zucchini waschen, halbieren und in Scheiben schneiden. Die Tomaten waschen und in Würfel schneiden.
2. Im Feuertopf das Öl erhitzen, die Zwiebel und den Knoblauch darin glasig dünsten, das Gemüse hinzufügen und etwa 5 Minuten lang köcheln lassen.
3. Den Reis dazumengen, mit Salz und Pfeffer würzen und mit dem Gemüsefond aufgießen. Das Ganze zugedeckt etwa 15 Minuten lang garen lassen, bis der Reis fertig ist.
4. Den Feta darüber bröckeln, mit Oregano abschmecken und vorsichtig abmischen.

Scharfe Reispfanne

Zutaten:

- 200 g Reis
- 100 g Mais in der Dose
- 200 g Erbsen, tiefgekühlt aber aufgetaut
- 200 g Bohnen, weiß, in der Dose
- 150 g Tomaten, püriert
- 1 TL Tomatenmark
- 1 Zwiebel, groß, fein gehackt
- 2 Knoblauchzehen, fein gehackt
- 50 g Parmesan (oder Gorgonzola)
- Cayennepfeffer
- Paprikapulver
- Chiliflocken
- Basilikum
- Petersilie
- Oregano
- Scharfe Würste nach Wahl, in Scheiben geschnitten
- Öl

Zubereitung:

1. In einem Topf das Öl erhitzen, die Zwiebel und den Knoblauch darin glasig dünsten. Den Reis hinzufügen und kurz anbraten. Mit den pürierten Tomaten und dem Tomatenmark ablöschen, etwas Wasser dazu geben und 5 Minuten köcheln lassen.
2. Dazwischen die Bohnen und den Mais abtropfen lassen und dem Reis hinzugeben. Ebenso die Erbsen und den Käse. Mit etwa 300 bis 400 ml Wasser aufgießen und nach Geschmack würzen.
3. Das Ganze etwa 15 Minuten lang zugedeckt garen lassen, zwischendurch mehrmals umrühren.
4. Zum Schluss die Wurst-Scheibchen unterheben.

Reisfleisch mit Tomatenmark

Zutaten

- 600 g Schweinefleisch
- 200 g Reis
- 1 Zwiebel, groß, fein gehackt
- 2 Knoblauchzehen, fein gehackt
- 1 EL Tomatenmark
- 300 ml Suppenfond
- Salz
- Pfeffer
- Paprikapulver
- Öl

Zubereitung:

1. Das Fleisch in mundgerechte Stück schneiden.
2. Im Feuertopf 2 EL Öl erhitzen, die Zwiebel und den Knoblauch darin glasig dünsten. Die Fleisch-Stücke hinzufügen und rundum anbraten. Mit Salz, Pfeffer und Tomatenmark würzen und etwas köcheln lassen.
3. Nun den Reis dazugeben und kurz andünsten lassen, mit dem Suppenfond aufgießen und zugedeckt etwa 15 bis 20 Minuten auf kleiner Hitze garen lassen. Einige Male umrühren, damit der Reis nicht am Boden anbrennt.

Reisknödel

Zutaten

- 200 g Rundkornreis
- 100 g Butter
- 50 g Parmesan, fein gerieben
- 100 g Semmelbrösel
- 3 Eier
- 1000 ml Wasser
- 500 ml Milch
- Salz
- Pfeffer
- Öl
- Semmelbrösel zum Wälzen

Zubereitung:

1. In einem Feuertopf das Wasser zum Kochen bringen, 1 EL Salz hinzufügen und den Reis. Das Ganze gut 5 Minuten lang kochen lassen.
2. Nun das Wasser abgießen, die Milch einrühren und den Reis so lange garen lassen bis er fertig ist. Die Butter daruntermischen und die Masse abkühlen lassen.
3. Ein ganzes Ei und ein Dotter verquirlen und mit den Semmelbröseln, dem geriebenen Parmesan, Salz und Pfeffer, vermengen. Diese Masse unter den erkalteten Reis mischen und daraus kleine Knödel formen.
4. Ein ganzes Ei und das übrig gebliebene Eiweiß verquirlen.

Die Reisknödel darin wenden, anschließend in den Semmelbröseln wälzen.
5. Im Topf reichlich Öl erhitzen und die Reisknödel rundum braun anbraten.

Pasta mit Hähnchen

Zutaten:

- 500 Gramm Spaghetti
- 500 Gramm Tomaten
- 500 Gramm Hähnchenbrust
- 1 Zwiebel, gewürfelt
- 80 Milliliter Balsamico-Essig
- 4 Esslöffel Olivenöl
- 2 Knoblauchzehen, fein gewürfelt
- 1 ½ Handvoll Rucola
- 1 Handvoll Basilikum
- Salz
- Pfeffer

Zubereitung:

1. Hähnchenbrust mit Balsamico-Essig marinieren. Vom Olivenöl 2 Esslöffel erhitzen und Hähnchenbrustfilet darin anbraten. Hähnchenbrust aus der Pfanne nehmen und in Scheiben schneiden.
2. Restliches Öl erhitzen und Zwiebel sowie Knoblauch darin anbraten. Tomaten in Würfel schneiden und in das Öl geben. Nudeln nach Packungsanleitung kochen, aus dem Wasser nehmen und zu den Tomaten geben. Vom Rucola die Stiele entfernen, Basilikum in Streifen schneiden.
3. Rucola, Basilikum, Salz und Pfeffer unter die Nudeln geben. Nudeln mit Hähnchenfleisch servieren.

Jambalaya

Zutaten:

- 150 Gramm Hähnchenbrustfilet
- 2 Chorizo-Bratwürstel
- 1 rote Paprikaschote
- 2 Tomaten
- 2 Selleriestangen
- 1 Zwiebel, gewürfelt
- 2 Knoblauchzehen, fein gewürfelt
- 650 Milliliter Hühnerbrühe
- 250 Gramm Reis
- 2 Esslöffel Tomatenmark
- 1 Bund Frühlingszwiebeln, in Ringe
- ½ Bund Petersilie
- 1 Esslöffel Butter
- Saft einer halben Zitrone
- 16 aufgetaute Garnelen ohne Darm und Schale
- 2 Esslöffel Sonnenblumenöl
- 1 Lorbeerblatt
- Chiliflocken
- Salz
- Pfeffer
- Paprikapulver
- Etwas getrockneter Oregano

Zubereitung:

1. Fleisch in Stücke, Bratwürste in Scheiben, Tomaten in Würfel, Sellerie in Scheiben und Paprika in Streifen schneiden. Petersilie hacken. Fleisch mit Chiliflocken, Salz, Pfeffer und Paprikapulver würzen.
2. Öl erhitzen und die Wurst darin anbraten. Wurst wieder herausnehmen und zur Seite stellen. Hähnchenfleisch im Öl anbraten, dann herausnehmen.
3. Butter zum Öl geben. Knoblauch und Zwiebeln im Öl anbraten. Paprika und Sellerie dazugeben und mitbraten. Die Hälfte der Frühlingszwiebeln, Lorbeerblatt, Oregano, Tomatenmark und Tomaten dazugeben. Mit der Brühe auffüllen, aufkochen lassen. Reis unterrühren. Wurst und Hähnchenfleisch dazugeben.
4. Gut verrühren und 20 Minuten köcheln lassen. Frühlingszwiebel, Zitronensaft, Petersilie und Garnelen dazugeben und 15 Minuten bei geringer Hitze ziehen lassen.

Rindergeschnetzeltes

Zutaten:

- 350 Gramm Rindersteak
- 300 Gramm Pak Choi
- 300 Gramm Brokkoli
- 2 Frühlingszwiebeln, in Ringe
- 4 Knoblauchzehen, fein gewürfelt
- 10 Gramm Ingwer, fein gewürfelt
- 3 Esslöffel Sonnenblumenöl
- 4 Esslöffel Hoisin-Sauce
- 1 Esslöffel Maismehl
- 200 Milliliter Rinderbrühe
- 50 Gramm
- Cashewkerne

Zubereitung:

1. Rindfleisch in feine Streifen schneiden. Brokkoli in Röschen teilen, Pak Choi in mundgerechte Stücke schneiden. Rindfleisch in Maismehl wenden.
2. Öl erhitzen und das Rindfleisch darin anbraten. Fleisch herausnehmen, Ingwer und Knoblauch anbraten.
3. Pak Choi, Brokkoli und Frühlingszwiebeln dazugeben und anbraten. Gemüsebrühe, Hoisinsauce und Rindfleisch dazugeben und aufkochen lassen. Mit Cashewkernen servieren.

Pasta mit Chili und Käse

Zutaten:

- 500 Gramm Rigatoni
- 500 Gramm Hackfleisch
- 1 Dose Tomatenstücke (400 Gramm)
- 2 Dosen Kidneybohnen, (à 250 Gramm)
- 1 Zwiebel, gewürfelt
- 3 Knoblauchzehen, gepresst
- 2 Teelöffel Olivenöl
- 1 Liter Gemüsebrühe
- 400 Gramm Emmentaler, gerieben
- 2 Teelöffel Kreuzkümmel
- 1 Teelöffel Chilipulver
- Salz
- Pfeffer
- Etwas gehackte Petersilie

Zubereitung:

1. Olivenöl erhitzen und Zwiebel und Knoblauch darin anbraten.
   Hackfleisch und Gewürze dazugeben und mitbraten. Kidneybohnen und Tomaten unterrühren.
2. Nudeln und Brühe dazugeben und alles 15 Minuten köcheln lassen. Käse unterrühren.

Putenfleisch mit Reis

Zutaten:

- 250 Gramm Reis
- 500 Milliliter Gemüsebrühe
- 300 Gramm Putenfleisch
- 2 Zwiebeln, gewürfelt
- 2 Esslöffel Tomatenmark
- 2 Esslöffel Paprikapulver, scharf
- 1 Knoblauchzehe, fein gewürfelt
- 1 Prise getrockneter Majoran
- 1 Esslöffel Essig
- 1 Lorbeerblatt
- Salz
- Pfeffer
- 1 Esslöffel Olivenöl

Zubereitung:

1. Öl erhitzen und Zwiebel darin anbraten. Fleisch in Würfel schneiden, salzen, pfeffern und im Öl anbraten. Reis dazugeben und mitdünsten.
2. Ist das Putenfleisch fast gar, Tomatenmark und Paprikapulver unterrühren. Essig, Majoran, Lorbeerblatt und Brühe dazugeben und köcheln lassen, bis die Flüssigkeit verkocht ist.

Hähnchen-Rigatoni

Zutaten:

- 350 Gramm Rigatoni
- 750 Milliliter Hühnerbrühe
- 400 Gramm Hähnchenbrust
- 1 rote Paprikaschote
- 150 Gramm Champignons
- 1 Zwiebel, gewürfelt
- 250 Milliliter Weißwein
- 300 Gramm Tomaten
- 3 Knoblauchzehen, fein gewürfelt
- 1 Esslöffel Kräuter der Provence
- 50 Gramm Parmesan, gerieben
- 2 Stängel Basilikum
- Salz
- Pfeffer

Zubereitung:

1. Paprika in Streifen, Tomaten in Würfel schneiden. Champignons putzen und in Scheiben schneiden. Hähnchenfleisch würfeln.
2. Alle Zutaten außer Basilikum und Käse in einem Topf zum Kochen bringen.
3. Bei geringerer Hitze 10 Minuten köcheln lassen und gelegentlich umrühren. Mit Salz und Pfeffer würzen und mit Parmesan und gehacktem Basilikum servieren.

Fruchtiger Putentopf

Zutaten:

- 200 Gramm Reis
- 800 Milliliter Gemüsebrühe
- 500 Gramm Putenschnitzel
- 200 Gramm Champignons
- 200 Milliliter
- Schmand
- 1 Dose Mandarinen
- 30 Gramm Schmelzkäse
- 1 Teelöffel
- Currypulver
- ½ Teelöffel , Paprikapulver, Salz, Pfeffer

Zubereitung:

1. Putenfleisch in Würfel schneiden. Champignons putzen und in Scheiben schneiden.
2. Alle Zutaten bis auf die Mandarinen, den Schmand, den Schmelzkäse und die Gewürze in den Topf geben, zum Kochen bringen und etwa 20 Minuten kochen lassen.
3. Die übrigen Zutaten einrühren und kurz aufkochen lassen.

Hackfleisch-Gemüse-Topf

Zutaten:

- 400 Gramm Hackfleisch,
- 500 Milliliter Rinderbrühe,
- 1 Zwiebel, gewürfelt,
- 2 Knoblauchzehen, fein gewürfelt,
- 4 große Kartoffeln,
- 2 Esslöffel Olivenöl,
- 1 Dose (ca. 720 Milliliter) stückige Tomaten,
- 4 Karotten,
- 1 Stange Porree, in Ringe,
- 1 rote Paprikaschote,
- Schnittlauch, gehackt
- 1 Esslöffel Kräuter (Petersilie, Basilikum, Salz, Pfeffer

Zubereitung:

1. Öl erhitzen, Zwiebel darin anbraten. Hackfleisch dazugeben und anbraten. Kartoffeln und Karotten schälen und in Würfel schneiden. Paprika in Stücke schneiden.
2. Paprika, Kartoffeln und Karotten mit der Brühe und den Tomaten zum Hackfleisch geben und etwa 25 Minuten kochen.
3. Porree und Gewürze hinzufügen und weitere 10 Minuten köcheln lassen. Mit den Kräutern servieren.

Herbstlicher Gulascheintopf

Zutaten:

- 500 Gramm Rindfleisch
- 500 Gramm Schweinefleisch
- 1 kleiner Weißkohl
- 2 Möhren
- 300 Gramm Rispentomaten
- 100 Gramm Cornichons
- 1 Zwiebel, in Ringe
- 600 Milliliter Rinderbrühe
- 1 Päckchen Gulasch-Fix
- 2 Esslöffel Butterschmalz
- 2 Esslöffel Tomatenmark
- 200 Milliliter Rotwein

Zubereitung:

1. Fleisch in Würfel schneiden. Vom Kohl die äußeren Blätter und den Strunk entfernen. Kohl in Streifen schneiden. Möhren schälen und in Würfel schneiden. Tomaten in Würfel, Cornichons in Scheiben schneiden.
2. Butterschmalz erhitzen und das Fleisch darin anbraten. Zwiebel und Tomatenmark dazugeben, mitbraten.
3. Mit Brühe und Wein ablöschen. Gulasch-Fix einrühren und 30 Minuten köcheln lassen. Kohl, Möhren und Tomaten dazugeben und unter gelegentlichem Umrühren eine weitere Stunde köcheln lassen.
4. Kurz vor dem Ende der Kochzeit die Cornichons hinzufügen.

Geschmortes Rind mit Wintergemüse

Zutaten:

- 1 kg Rinderbrust
- 400 Milliliter Rotwein
- 800 Gramm Hokkaido-Kürbis
- 400 Gramm Sellerie
- 250 Gramm Möhren
- 400 Gramm Zwiebeln, in Ringe
- 2 Esslöffel Öl
- Salz
- Pfeffer

Zubereitung:

1. Fleisch in Würfel schneiden. Vom Kürbis die Kerne entfernen. Kürbisfleisch in Würfel schneiden. Möhren und Sellerie schälen und würfeln.
2. Öl erhitzen und das Fleisch darin anbraten. Fleisch herausnehmen und Zwiebeln in Öl anbraten. Restliches Gemüse dazugeben und anbraten. Fleisch und Wein zum Gemüse geben.
3. Eintopf zugedeckt 1,5 Stunden schmoren lassen. Deckel abnehmen und weitere 30 Minuten schmoren. Salzen und pfeffern.

Pasta mit Spinat und Räucherlachs

Zutaten:

- 500 Gramm Fusilli
- 200 Gramm Räucherlachs
- 3 Handvoll Blattspinat
- 1 Liter Gemüsebrühe
- 200 Milliliter Sahne
- 1 Zwiebel, gewürfelt
- 30 Gramm Parmesan, gerieben
- Saft einer Zitrone
- Salz
- Pfeffer

Zubereitung:

1. Nudeln, Brühe, Zwiebel, Sahne und Parmesan in einem Topf zum Kochen bringen und etwa 8 Minuten kochen. Dabei immer wieder umrühren.
2. Spinat und Lachs dazugeben und kochen lassen, bis der Spinat zusammenfällt. Mit Zitronensaft, Salz und Pfeffer würzen.
3. Zwei Toast nun mit Mayonnaise bestreichen und mit Salat und Tomate belegen. Die anderen Scheiben werden mit Ketchup bestrichen und mit dem möglichst noch warmen Putenbrustfilet und Speck belegt.
4. Dann noch mit Salz und etwas mehr Pfeffer würzen und zusammenklappen. Die herzhaften Toasts einfach so genießen oder zuvor noch klassisch in Dreiecke schneiden.

Pasta mit Spargel und Lachs

Zutaten:

- 2 Wildlachsfilets, à 125 Gramm
- 250 Gramm Spargel
- 250 Gramm Fusilli
- 1 Zwiebel, gewürfelt
- 300 Milliliter Kochsahne
- 450 Milliliter Gemüsebrühe
- 150 Milliliter Milch
- 1 Esslöffel frischer Dill
- ½ Teelöffel Zucker
- 1 Esslöffel Olivenöl
- Salz
- Pfeffer

Zubereitung:

1. Spargel schälen und in mundgerechte Stücke schneiden.
2. Öl erhitzen und Zwiebel darin anbraten. Lachs in Würfel schneiden und mitbraten. Würzen, dann Brühe, Sahne, Milch, Kräuter und Gewürze dazugeben.
3. Aufkochen lassen, dann die Nudeln dazugeben. Immer wieder umrühren und kochen, bis Spargel und Nudeln gar sind.

Spaghetti mit Garnelen

Zutaten:

- 400 Gramm Spaghetti
- 250 Gramm Garnelen, geschält und entdarmt
- 200 Gramm passierte Tomaten
- 1 Zwiebel, gewürfelt
- 2 Knoblauchzehen, fein gewürfelt
- 3 Sardellenfilets
- 50 Gramm getrocknete Tomaten
- 250 Gramm Kirschtomaten
- 2 Esslöffel Olivenöl
- 700 Milliliter Gemüsebrühe
- 1 Bund Basilikum

Zubereitung:

1. Butter und Öl erhitzen, Knoblauch und Garnelen darin anbraten. Mit Salz und Pfeffer würzen. Garnelen aus dem Topf nehmen. Milch und Brühe zum Knoblauch geben.
2. Nudeln hineingeben und 10 Minuten kochen. Immer wieder umrühren. Sind die Nudeln bissfest, den Spinat dazugeben.
3. Garnelen wieder in den Topf geben. Mit Parmesan servieren.

Pasta mit Garnelen und Spinat

Zutaten:

- 450 Gramm Garnelen, ohne Schale, entdarmt
- 900 Gramm Blattspinat
- 230 Gramm Fettuccine
- 360 Milliliter Hühnerbrühe
- 360 Milliliter Milch
- 25 Gramm Parmesan, gerieben
- ½ Teelöffel italienische Kräuter
- 1 Esslöffel Olivenöl
- 1 Esslöffel Butter
- 2 Knoblauchzehen, fein gewürfelt
- Salz
- Pfeffer

Zubereitung:

1. Butter und Öl erhitzen, Knoblauch und Garnelen darin anbraten. Mit Salz und Pfeffer würzen. Garnelen aus dem Topf nehmen. Milch und Brühe zum Knoblauch geben.
2. Nudeln hineingeben und 10 Minuten kochen. Immer wieder umrühren. Sind die Nudeln bissfest, den Spinat dazugeben.
3. Garnelen wieder in den Topf geben. Mit Parmesan servieren.

Jambalaya mit Meeresfrüchten

Zutaten:

- 2 Packungen Tiefkühl-Meeresfrüchte
- 600 Milliliter Dosentomaten
- 1 Handvoll Kirschtomaten
- 30 Scheiben Chorizo
- 4 Stangen Staudensellerie
- 1 grüne Paprikaschote
- 1 rote Paprikaschote
- 2 Zwiebeln, gewürfelt
- 3 Knoblauchzehen, fein gewürfelt
- 700 Milliliter Gemüsebrühe
- 350 Gramm Linguine
- 2 Frühlingszwiebeln, in Ringe
- 2 Esslöffel Öl
- 2 Lorbeerblätter
- 1 Messerspitze Oregano
- 1 Messerspitze Paprikapulver
- 1 Messerspitze Cayennepfeffer
- Salz
- Pfeffer

Zubereitung:

1. Meeresfrüchte auftauen. Paprikaschoten in Streifen, Sellerie in Scheiben schneiden, Tomaten halbieren. Chorizo anbraten, dann wieder aus dem Topf nehmen.
2. Öl erhitzen und Zwiebeln mit Sellerie darin anbraten. Paprika dazugeben und 10 Minuten braten. Tomaten, Knoblauch, Gewürze und Lorbeerblätter dazugeben. Brühe und Dosentomaten auffüllen, 15 Minuten kochen.
3. Nudeln dazugeben und unter Umrühren garen. Meeresfrüchte und Chorizo dazugeben, ca. 5 Minuten köcheln lassen. Mit Frühlingszwiebeln servieren.

Pasta mit Lachs, Garnelen und Spinat

Zutaten:

- 500 Gramm Fusilli
- 200 Gramm Räucherlachs
- 8 Riesengarnelen ohne Darm und Schale
- 100 Gramm Blattspinat
- 1 Liter Gemüsebrühe
- 200 Milliliter Sahne
- 1 Zwiebel, gewürfelt
- 1 Knoblauchzehe, fein gewürfelt
- 1 Esslöffel Olivenöl
- 2 Esslöffel Zitronensaft Salz, Pfeffer

Zubereitung:

1. Öl erhitzen und die Garnelen darin von beiden Seiten braten. Garnelen herausnehmen. Zwiebel und Knoblauch im Öl anbraten.
2. Nudeln, Gemüsebrühe und Sahne zu den Zwiebeln geben und unter Rühren 15 Minuten köcheln lassen. Lachs in Streifen schneiden und zusammen mit dem Spinat zu den bissfesten Nudeln geben. Kurz köcheln lassen.
3. Mit Zitronensaft, Salz und Pfeffer abschmecken und mit Garnelen servieren.

Kabeljau-Pfanne mit Steinpilz-Spaghetti

Zutaten:

- 200 Gramm Kabeljau,
- 250 Gramm Steinpilz-Spaghetti,
- 1 Zwiebel, gewürfelt,
- 2 Knoblauchzehen, fein gewürfelt,
- 1 Handvoll Cocktailtomaten,
- 1 kleine Chilischote, fein gehackt,
- 4 Esslöffel Dosenmais,
- 7 Champignons,
- Einige Brokkoli-Röschen,
- Saft einer Zitrone,
- 1 Esslöffel Steinpilzöl,
- 1 Bund Schnittlauch, in Röllchen,
- Salz,
- Pfeffer

Zubereitung:

1. Nudeln nach Packungsanleitung kochen. Olivenöl erhitzen und die Zwiebel sowie den Knoblauch darin anbraten. Brokkoli-Röschen blanchieren. Champignons putzen und in Scheiben schneiden. Tomaten halbieren und zusammen mit Champignons, Mais, Schnittlauch und Chilischoten zu den Zwiebeln geben.
2. Kabeljau in Stücke schneiden und zur Champignon-Mischung geben.
3. Mit Zitronensaft, Salz und Pfeffer abschmecken. Nudeln, Brokkoli und Steinpilzöl unterheben.

Fischeintopf mit Muscheln und Garnelen

Zutaten:

- 1 kg Miesmuscheln mit Schale
- 9 Riesengarnelen
- 250 Gramm Seeteufelfilet
- 1 Aubergine
- 1 Zucchini
- 1 Zwiebel, gewürfelt
- 1 Dose Pizzatomaten
- 4 Knoblauchzehen, fein gewürfelt
- 400 Milliliter Fischfond
- 1 Teelöffel Olivenöl
- Saft einer Zitrone
- ½ Bund Petersilie, fein gehackt
- Salz
- Pfeffer

Zubereitung:

1. Von den Muscheln die bereits geöffneten aussortieren. Muscheln gründlich abreiben, Byssusfäden entfernen. Muscheln in kochendes Wasser geben und 3 Minuten köcheln lassen. Abgießen und abkühlen lassen.
2. Öl erhitzen und Zwiebel und Knoblauch darin anbraten. Zucchino und Aubergine würfeln und zu den Zwiebeln geben. Mit Fischfond ablöschen und aufkochen lassen. Pizzatomaten dazugeben und 10 Minuten köcheln lassen. Muscheln aus der Schale lösen, Garnelen schälen und Fisch in Würfel schneiden.
3. Fisch und Garnelen zum Eintopf geben und 5 Minuten garen. Muscheln dazugeben, kurz aufkochen lassen. Mit Salz, Pfeffer und Zitronensaft abschmecken und Petersilie unterrühren.

Seeteufel-Eintopf

Zutaten:

- 280 Gramm Seeteufel
- 3 Stangen Staudensellerie
- 2 Möhren
- ½ Fenchelknolle mit Fenchelgrün
- 1 Zwiebel, gewürfelt
- 2 Knoblauchzehen, fein gewürfelt
- 400 Gramm Pizzatomaten
- 120 Gramm Reis
- Saft einer Limette
- 400 Milliliter Wasser
- 1 Esslöffel Öl
- 2 Teelöffel Colombo-Gewürz
- Salz
- Pfeffer

Zubereitung:

1. Sellerie in Scheiben schneiden. Möhren schälen und fein würfeln. Fenchelknolle fein schneiden, Fenchelgrün hacken.
2. Öl erhitzen und Zwiebel und Knoblauch darin anschwitzen. Gemüse dazugeben und 5 Minuten mitbraten. Tomaten und Wasser dazugeben und 10 Minuten kochen.
3. Mit Colombo, Salz und Pfeffer würzen und den Reis dazugeben. Alles 20 Minuten köcheln lassen, hin und wieder umrühren. Seeteufel 5 Minuten im Eintopf garen.
4. Fisch herausnehmen, von der Gräte lösen und in mundgerechte Stücke schneiden. Fisch wieder in den Eintopf geben. Limettensaft und Fenchelgrün unterrühren.

Fischtopf mit Reis und Zucchini

Zutaten:

- 400 Gramm Steinbeißerfilet
- 400 Gramm Pizzatomaten
- 300 Gramm Zucchini
- 1 Zwiebel, gewürfelt
- 2 Knoblauchzehen, fein gewürfelt
- 1 Teelöffel Öl
- 120 Gramm Reis
- 200 Milliliter Wasser
- 3 Zweige Estragon, gehackt
- Saft einer halben Zitrone
- Salz
- Pfeffer

Zubereitung:

1. Fisch und Zucchini in Würfel schneiden. Öl erhitzen, Zwiebel und Knoblauch darin anbraten. Zucchini dazugeben und kurz anbraten.
2. Mit Pizzatomaten und Wasser ablöschen. Mit Salz und Pfeffer würzen.
3. Reis unterrühren und 10 Minuten kochen lassen.
4. Fisch dazugeben und garen. Estragon, Zitronensaft, Salz und Pfeffer unterrühren.

Vegetarische Rezepte
Kartoffel-Zucchini-Eintopf

Zutaten:

- 800 Gramm Kartoffeln
- 3 Zucchini
- 1 Zwiebel, gewürfelt
- 2 Knoblauchzehen, fein gewürfelt
- 3 Esslöffel Olivenöl
- 250 Milliliter Sahne
- 1 Esslöffel Kräuter der Provence
- 70 Milliliter Weißwein
- 1 Teelöffel Honig
- 1 Päckchen Fetawürfel
- 4 Esslöffel Parmesan, gerieben
- Salz
- Pfeffer

Zubereitung:

1. Kartoffeln und Zucchini schälen und würfeln.
2. Öl erhitzen, Zwiebel und Knoblauch darin anbraten. Zucchini dazugeben und 5 Minuten mitbraten.
3. Mit Wein ablöschen. Kartoffeln, Sahne, Honig, Salz, Pfeffer und Kräuter unterrühren und 20 Minuten köcheln lassen.

Marokkanischer Kichererbsentopf

Zutaten:

- 340 Gramm Quinoa
- 1 kg Süßkartoffeln
- 800 Gramm Kichererbsen
- 1 Fenchelknolle
- 2 Karotten
- 1 gelbe Paprikaschote
- 1 Dose Tomaten, stückig
- 750 Milliliter Wasser
- 4 Handvoll Grünkohl
- 2 Esslöffel Gemüsebrühe
- 1 Zwiebel, gewürfelt
- 3 Knoblauchzehen, gepresst
- 2 Esslöffel Olivenöl
- 1 Teelöffel Apfelessig
- 1 Teelöffel Kreuzkümmel
- 1 Teelöffel Koriander
- 1 Teelöffel Paprikapulver
- 1 Teelöffel Kurkuma
- ½ Teelöffel Ingwerpulver
- ½ Teelöffel Zimt
- Salz
- Pfeffer
- Cayennepfeffer

- 1 Zitrone
- Minze
- Petersilie
- Koriander (frisch)

Zubereitung:

1. Süßkartoffeln und Karotten schälen, in Stücke schneiden. Paprika und Fenchel in Stücke schneiden. Grünkohl in Streifen schneiden.
2. Öl erhitzen, Zwiebel und Knoblauch darin anbraten. Alle Gewürze, Süßkartoffeln, Paprika, Fenchel, Grünkohl und Karotten dazugeben
3. und mitbraten. Wasser, Tomaten und Brühe dazugeben und zum Kochen bringen. Etwa 20 Minuten köcheln lassen.
4. Quinoa nach Packungsanleitung mit 1 Teelöffel Zitronensaft und Apfelessig kochen, überschüssiges Wasser abgießen.
5. Kichererbsen zum Gemüse geben, 10 Minuten kochen lassen. Quinoa, Kräuter, Gewürze und restlichen Zitronensaft unterrühren.

Asiatische Pasta

Zutaten:

- 250 Gramm Fusilli
- 400 Gramm Dosentomaten, stückig
- 1 rote Paprikaschote
- 1 Zucchino
- 1 Zwiebel, gewürfelt
- 2 Knoblauchzehen, fein gewürfelt
- 80 Gramm Tiefkühl-Erbsen
- 250 Milliliter Kokosmilch
- 1 Handvoll Kirschtomaten
- 1 ½ Teelöffel rote Currypaste
- 1 Teelöffel Zitronensaft
- 1 Esslöffel Olivenöl
- Salz
- Pfeffer

Zubereitung:

1. Öl erhitzen und Zwiebel darin anbraten. Zucchino in Würfel, Paprika in Stücke schneiden. Kirschtomaten halbieren.
2. Knoblauch, Zucchino und Paprika zum Öl geben und anbraten. Restliche Zutaten bis auf Salz, Pfeffer, Zitronensaft und Kirschtomaten dazugeben und 15 Minuten kochen.
3. Kirschtomaten kurz vor dem Ende der Kochzeit dazugeben. Zitronensaft und Gewürze unterrühren.

Fettuccine mit Gemüse

Zutaten:

- 300 Gramm Fettuccine
- 300 Gramm Champignons
- 150 Gramm Tiefkühl-Erbsen
- 360 Milliliter Mandelmilch
- 750 Milliliter Gemüsebrühe
- 1 Zwiebel, gewürfelt
- 4 Knoblauchzehen, fein gehackt
- 2 Handvoll Blattspinat
- 1 Teelöffel Maisstärke
- 1 Esslöffel , Olivenöl
- 1 Esslöffel , Wasser , Salz, Pfeffer

Zubereitung:

1. Öl erhitzen und Zwiebeln darin anbraten. Champignons in Scheiben schneiden und mit dem Knoblauch zu den Zwiebeln geben.
2. Nudeln, Mandelmilch und Brühe dazugeben. Immer wieder umrühren. Erbsen nach 12 Minuten dazugeben und 8 Minuten köcheln lassen. Spinat unterrühren.
3. Maisstärke mit Wasser, Salz und Pfeffer mischen und unter die Nudeln heben.

Quinoa-Chili mit Bohnen und Avocado

Zutaten:

- 170 Gramm Quinoa
- 750 Milliliter Tomaten in Stücken aus der Dose
- 360 Milliliter Gemüsebrühe
- 1 Dose schwarze Bohnen
- 1 Dose Mais
- 1 rote Paprikaschote
- 1 gelbe Paprikaschote
- 1 Zwiebel, gewürfelt
- 3 Knoblauchzehen, gewürfelt
- Saft einer Limette
- 1 Esslöffel Paprikapulver edelsüß
- 2 Frühlingszwiebeln, in Ringe
- 1 Handvoll Petersilie
- 1 Avocado
- 2 Esslöffel Olivenöl , Salz, Pfeffer

Zubereitung:

1. Paprikaschoten in Stücke schneiden. Öl erhitzen. Zwiebel darin anbraten, dann Knoblauch und Paprikaschoten dazugeben und mitbraten.
2. Übrige Zutaten bis auf Frühlingszwiebeln, Petersilie, Limettensaft

   und Avocado dazugeben und 20 Minuten kochen lassen Limett ensaft, Petersilie und Frühlingszwiebeln unterrühren.
3. Avocado aus der Schale lösen, entkernen und in Spalten schneiden. Eintopf mit Avocadospalten servieren.

Spaghetti mit Paprika

Zutaten:

- 300 Gramm Vollkorn-Spaghetti
- 1 rote Paprikaschote
- 1 gelbe Paprikaschote
- 1 grüne Paprikaschote
- 1 Dose Tomaten in Stücken
- 1 Zwiebel, gewürfelt
- 500 Milliliter Gemüsebrühe
- 3 Esslöffel Olivenöl
- 2 Esslöffel, Balsamico-Essig , Salz, Pfeffer, Paprikapulver

Zubereitung:

1. Paprikaschoten in Streifen schneiden.
2. Öl erhitzen, Zwiebel und Paprika darin anbraten. Die übrigen Zutaten dazugeben und etwa 10 Minuten kochen.

Pasta Caprese

Zutaten:

- 500 Gramm Fusilli
- 320 Gramm getrocknete Tomaten
- 125 Gramm Mozzarella
- 200 Milliliter Sahne
- 2 Knoblauchzehen, fein gewürfelt
- 1 Liter Wasser
- 1 Bund Basilikum
- 75 Gramm Parmesan, frisch gerieben
- Etwas Zitronenabrieb
- Salz
- Pfeffer

Zubereitung:

1. Mozzarella in Würfel, Tomaten in Stücke schneiden. Basilikum grob hacken.
2. Nudeln, Tomaten, ¾ des Basilikums, Mozzarella, Knoblauch, Sahne, Wasser und Salz in den Topf geben, aufkochen lassen und unter Rühren etwa 15 Minuten kochen.
3. Sind die Nudeln fast gar, Pfeffer, Parmesan und restliches Basilikum unterrühren.

Rigatoni mit Pilzen

Zutaten:

- 400 Gramm Rigatoni
- 350 Gramm Champignons
- 1 Handvoll getrocknete Steinpilze, gehackt
- 800 Milliliter Brühe
- 200 Milliliter Sahne
- 2 Zwiebeln, in Ringe
- 200 Milliliter Rotwein
- 40 Gramm Butter
- 1 Esslöffel Worcestersauce
- 1 Teelöffel brauner Zucker
- 2 Knoblauchzehen, fein gewürfelt
- 2 Lorbeerblätter Salz, Pfeffer
- 100 Gramm Käse, beispielsweise Gruyere
- 1 Handvoll Petersilie, gehackt

Zubereitung:

1. Butter erhitzen und Zwiebel mit dem Zucker darin karamellisieren. Rotwein und Worcestersauce dazugeben und einkochen lassen. Champignons in Scheiben schneiden, dazugeben und mit dem Knoblauch anbraten.
2. Nudeln, Brühe und Lorbeerblätter dazugeben und kochen, bis die Flüssigkeit eingekocht ist.
3. Sahne unterrühren. Gewürze, Käse und Petersilie unterrühren.

Quinoa-Bowl

Zutaten:

- 180 Gramm Quinoa
- 250 Gramm Dosenmais
- 150 Gramm Erbsen aus der Dose
- 100 Gramm Kidneybohnen aus der Dose
- 1 Chilischote, fein gehackt
- 2 Knoblauchzehen, fein gewürfelt
- 1 Avocado
- 1 rote Paprikaschote
- 2 Esslöffel Tomatenmark
- Saft einer halben Limette
- 1 Teelöffel Olivenöl
- ½ Teelöffel Kümmel
- Chilipulver
- Paprikapulver
- Salz
- Pfeffer
- Einige Blätter Koriander

Zubereitung:

1. Öl erhitzen und Knoblauch darin anbraten. Chilischote und Tomatenmark dazugeben und mitrösten. Quinoa zu der Mischung geben, mit der Brühe ablöschen.
2. Paprika in Streifen schneiden und mit Bohnen, Mais und Erbsen zum Quinoa geben. Würzen und 20 Minuten köcheln lassen.
3. Avocado aus der Schale lösen, würfeln und mit Limettensaft und Koriander unter das Quinoa rühren.

Linsenchili mit Reis

Zutaten:

- 1 Zucchino
- 1 Stange Staudensellerie
- 1 rote Paprikaschote
- 1 Möhre
- 20 Gramm Ingwerknolle, gerieben
- 1 Zwiebel, gewürfelt
- 1 Knoblauchzehe, fein gewürfelt
- 80 Gramm gelbe Linsen
- 150 Gramm Tomatenstücke aus der Dose
- 100 Milliliter Gemüsebrühe
- 1 Esslöffel Kokosöl
- 200 Gramm Reis
- 240 Gramm Kichererbsen aus der Dose
- 1 Teelöffel Currypulver
- 2 Esslöffel Limettensaft
- Einige Stängel Petersilie
- Salz
- Pfeffer

Zubereitung:

1. Paprikaschote in Würfel schneiden. Sellerie, Möhre und Zucchino schälen, in Würfel schneiden.
2. Kokosöl erhitzen und Zwiebel, Knoblauch und Ingwer darin anbraten. Linsen und Möhren dazugeben und mitbraten. Paprika, Sellerie, Zucchino und Currypulver dazugeben und dünsten. Tomaten und Brühe auffüllen und 8 Minuten köcheln lassen. Petersilie hacken.
3. Reis dazugeben und etwa 10 Minuten kochen lassen. Kichererbsen und Gewürze unterrühren und mit Limettensaft abschmecken. Mit Petersilie bestreuen.

Scharfe Nudeln

Zutaten:

- 200 g Nudeln
- 1 Dose Mais, klein
- 1 Dose Tomaten, gewürfelt, klein
- 1 Dose Bohnen, klein
- 1 Zwiebel, klein, fein gehackt
- 1 Paprika, rot
- 500 ml Gemüsefond
- 80 g Käse, gerieben (Gorgonzola)
- 1 TL Salz, Chili und Cayennepfeffer

Zubereitung:

1. Den Paprika waschen, entkernen und in kleine Würfel schneiden.
2. In dem Feuertopf Mais, Tomaten, Nudeln, Paprika, Zwiebel und Gemüsefond reingeben und zum Kochen bringen. Das Ganze etwa 15 Minuten lang garen lassen.
3. Nun mit Salz, Chili und Pfeffer würzen, die abgesiehten Bohnen dazu geben und den Käse einreiben. Die Herdplatte ausschalten und alles noch etwa 5 Minuten lang ziehen lassen.

Asiatische One Pot Rezepte
Curry mit Süßkartoffeln und Rindfleisch

Zutaten:

- 3 Esslöffel Currypaste
- 500 Gramm Rindfleisch
- 800 Milliliter Kokosmilch
- 100 Milliliter Wasser
- 3 Kartoffeln
- 1 Süßkartoffel
- 5 Zwiebeln, gewürfelt
- 5 Kardamomkapseln
- 1 Esslöffel Tamrarindenpaste
- 3 Lorbeerblätter
- 100 Gramm Erdnüsse
- 1 Esslöffel Zucker
- ½ Teelöffel Zimt
- 4 Esslöffel Öl

Zubereitung

1. Fleisch in Würfel schneiden. Öl erhitzen und Currypaste darin anrösten.
2. Fleisch, Wasser und die Hälfte der Kokosmilch dazugeben. Zucker, Zimt, Lorbeerblätter, Tamarindenpaste und Kardamom unterrühren und alles eine Stunde köcheln lassen. Zwiebeln dazugeben und eine weitere Stunde köcheln lassen.
3. Kartoffeln und Süßkartoffeln schälen und in Stücke schneiden. Restliche Kokosmilch und Erdnüsse hinzufügen und noch 40 Minuten köcheln lassen.

Ciabatta mit Tomaten

Zutaten:

- 1 Ciabatta
- 2 Tomaten
- 2 Pck. Mozzarella
- Pesto (Basilikum)
- Salz und Pfeffer
- Olivenöl

Zubereitung:

1. Den Feuertopf vorbereiten, die Tomaten halbieren, von Kerngehäuse und Stielansatz befreien und in grobe Würfel schneiden.
2. Das Ciabatta aufschneiden, auf der einen Seite großzügig mit Pesto bestreichen und auf der anderen mit etwas Olivenöl beträufeln. Den Mozzarella in Scheiben schneiden.
3. Die Pesto-Seite des Brotes mit reichlich Mozzarella belegen. Den Mozzarella mit Pfeffer und ein wenig Salz würzen.
4. Anschließend die Ciabatta-Hälfte mit dem Mozzarella im Feuertopf goldgelb gratinieren. Wenn der Käse die erste leichte Farbe hat, die andere Brothälfte ebenfalls in den Ofen legen, damit sie noch etwas angeröstet wird.
5. Beide Brothälften herausnehmen, die Tomatenstücke auf den Käse geben, zusammenklappen und in zwei Stücke schneiden. Wer mag, träufelt noch etwas Olivenöl darüber und rundet mit gepresstem Knoblauch ab.

LINSEN-DAL

Zutaten:

- 190 Gramm Linsen
- 1 Karotte, ca. 200 Gramm
- 1 Zwiebel, gewürfelt
- 3 Knoblauchzehen, fein gewürfelt
- 2 cm Ingwerknolle, gerieben
- 720 Milliliter Gemüsebrühe
- 240 Milliliter Kokosmilch
- 1 rote Chilischote, fein gehackt
- 1 Esslöffel Sonnenblumenöl
- 1 Esslöffel Sojasauce
- 1 Teelöffel gemahlener Koriander
- 1 Teelöffel gemahlener Kreuzkümmel
- 1 Teelöffel gemahlener Kurkuma
- ½ Teelöffel Chiliflocken
- ½ Teelöffel Kokosblütenzucker
- Salz
- Pfeffer

Zubereitung:

1. Linsen etwa 15 Minuten in lauwarmem Wasser quellen lassen, dann das Wasser abgießen. Karotte schälen und würfeln.
2. Öl erhitzen und Zwiebel, Knoblauch, Ingwer, Chilischote und Karotte darin andünsten. Sojasauce auffüllen. Alle Gewürze, Linsen und Brühe dazugeben und 15 Minuten kochen lassen.
3. Kokosblütenzucker und Kokosmilch unterrühren und weitere 10 Minuten kochen lassen.

Thai-Curry-Pasta

Zutaten:

- 350 Gramm Vollkorn-Spaghetti
- 700 Milliliter Gemüsebrühe
- 1 Dose Kokosmilch (ca.250 Milliliter)
- 50 Gramm rote Currypaste
- 75 Gramm Champignons
- 1 rote Paprikaschote
- 140 Gramm Mais
- 1 Teelöffel Salz

Zubereitung:

1. Kokosmilch erhitzen und Currypaste einrühren. Champignons putzen und in Scheiben schneiden. Paprikaschote in Stücke schneiden.
2. Alle Zutaten zur Kokosmilch geben und zum Kochen bringen. Unter gelegentlichem Rühren kochen, bis alles gar ist. Flüssigkeit bis zur gewünschten Konsistenz einreduzieren lassen.

Thai-Erdnuss-Nudeln

Zutaten:

- 300 Gramm Spaghetti
- 800 Milliliter Gemüsebrühe
- 1 rote Paprikaschote
- 1 Möhre
- 3 Frühlingszwiebel, in Ringe
- 3 cm Ingwerknolle, gerieben
- 3 Knoblauchzehen, fein gewürfelt
- 120 Gramm geröstete, gesalzene Erdnüsse
- 1 Esslöffel Rohrzucker
- 2 Esslöffel Erdnussbutter
- 1 Esslöffel Tamarindenpaste
- Saft einer Limette
- 1 Esslöffel Sojasauce
- 1 Bund Koriander

Zubereitung:

1. Möhre schälen, in feine Stifte schneiden. Paprika in Streifen schneiden.
2. Alle Zutaten bis auf Limettensaft und Koriander in den Topf geben und zum Kochen bringen. Etwa 15 Minuten kochen.
3. Limettensaft unterrühren. Koriander hacken und über das Gericht geben.

Glasnudel-Curry

Zutaten:

- 100 Gramm Glasnudeln
- 80 Gramm Udonnudeln
- 400 Milliliter Gemüsebrühe
- 400 Milliliter Kokosmilch
- 1 rote Paprikaschote
- 1 grüne Paprikaschote
- 4 Karotten
- 3 Esslöffel
- Currypulver
- 1 Esslöffel Kokosöl
- 1 Esslöffel Paprikapulver
- 1 Esslöffel Srirachasauce

Zubereitung:

1. Karotten schälen und würfeln. Paprikaschoten in Stücke schneiden.
2. Kokosöl erhitzen und Karotten sowie Paprikaschoten darin anbraten. Paprikapulver, Srirachasauce, Kokosmilch, Brühe und Currypulver dazugeben und aufkochen lassen.
3. Nudeln dazugeben und alles garkochen.

Curry mit Mandel-Nuss-Tofu

Zutaten:

- 200 Gramm Tofu
- 1 Zwiebel, gewürfelt
- 4 Knoblauchzehen, fein gewürfelt
- 1 gelbe Paprikaschote
- 1 rote Paprikaschote
- 1 Zucchini
- 2 cm Ingwerknolle, gerieben
- 1 Dose Kokosmilch
- 2 Teelöffel Kokosöl
- 2 Esslöffel rote Currypaste
- 4 Esslöffel Sojasauce
- 1 Limette
- 1 Esslöffel Speisestärke
- 1 Esslöffel brauner Zucker
- 1 Esslöffel Sweet Chili Sauce
- Koriander, Salz, Pfeffer, Thai-Basilikum

Zubereitung:

1. Paprika in Streifen schneiden. Zucchino und Tofu würfeln.
2. Kokosöl erhitzen. Knoblauch und Zwiebel darin anbraten. Curry und Tofu zu den Zwiebeln geben und mitbraten. Zucchino, Paprika und Ingwer dazugeben, mitbraten.
3. Kokosmilch mit Speisestärke verrühren und unter das Gemüse rühren.
4. Restliche Zutaten bis auf Limette, Basilikum, Koriander, Salz und Pfeffer unterrühren und bis zur gewünschten Konsistenz köcheln lassen. Limette halbieren und auspressen. Saft zusammen mit Salz, Pfeffer, Koriander und Basilikum unter das Curry rühren.

Glasnudel-Topf mit Lachs

Zutaten:

- 100 Gramm Glasnudeln
- 250 Gramm Lachsfilet
- 400 Milliliter Kokosmilch
- 2 cm Ingwerknolle, gerieben
- 2 Esslöffel Kokosöl
- 2 Knoblauchzehen, fein gewürfelt
- 1,2 Liter Gemüsebrühe
- 2 Esslöffel rote Currypaste
- 4 Esslöffel Saujasauce

Zubereitung:

1. Kokosöl erhitzen und Knoblauch, Currypaste und Ingwer darin anbraten. Lachs in Stücke schneiden, zum Kokosöl geben und eine Minute garen.
2. Mit Kokosmilch und Gemüsebrühe ablöschen.
3. Lachs bissfest garen, dann die Glasnudeln dazugeben und weichkochen. Sojasauce unterrühren.

Nudeln mit Pak Choi und Paprika

Zutaten:

- 240 Gramm Hähnchenbrust
- 200 Gramm Pak Choi
- 1 rote Paprikaschote
- 230 Gramm Spaghetti
- 150 Milliliter Kokosmilch
- 20 Milliliter Sojasauce
- 20 Milliliter Sesamöl
- 2 Gramm Gewürzmischung
- 250 Milliliter Gemüsebrühe
- Salz
- Pfeffer

Zubereitung:

1. Pak Choi und Paprika in Streifen schneiden. Sojasauce und Gewürzmischung verrühren und das Fleisch darin etwa eine Stunde marinieren. Hähnchenfleisch würfeln.
2. Brühe und Kokosmilch zum Kochen bringen und alle Zutaten bis auf Salz, Pfeffer und Sesamöl hineingeben. Etwa 15 Minuten kochen lassen. Mit Salz und Pfeffer würzen und mit Sesamöl beträufeln.

Asiatischer Hähnchentopf mit Gemüse

Zutaten:

- 500 Gramm Hähnchenbrust
- 300 Gramm Chinakohl
- 15 Gramm Ingwer, gerieben
- 1 Liter Hühnerbrühe
- 1 Stange Porree
- 2 rote Paprikaschoten
- 20 Gramm Butterschmalz
- 30 Gramm Glasnudeln
- 1 Teelöffel Sambal Oelek
- 4 Esslöffel Sojasauce
- 2 Esslöffel Speisestärke
- 6 Esslöffel Wasser Salz

Zubereitung:

1. Chinakohl und Paprikaschoten in Streifen, Porree in Ringe schneiden. Hähnchenfleisch würfeln.
2. Butterschmalz erhitzen, Hähnchenfleisch darin anbraten. Ingwer und Paprika dazugeben und mitbraten. Salz, Sambal Oelek und Hühnerbrühe dazugeben. Umrühren und aufkochen lassen.
3. Wasser, Sojasauce und Speisestärke verrühren und in die Brühe geben. Porree dazugeben und etwa 8 Minuten kochen. Chinakohl und Glasnudeln dazugeben und kurz kochen lassen.

Zucchini-Spaghetti mit Feta und Zitrone

Zutaten:

- 2 kleine Zucchini
- 1 Knoblauchzehe, fein gewürfelt
- 3 Esslöffel Olivenöl
- Saft einer Zitrone
- 100 Gramm Feta
- Salz
- Pfeffer

Zubereitung:

1. Aus den Zucchini mit dem Spiralschneider Nudeln schneiden.
2. Olivenöl erhitzen. Knoblauch darin anbraten und Zucchini-Nudeln dazugeben. Einige Minuten garen. Zitronensaft, Salz und Pfeffer dazugeben.
3. Mit zerbröseltem Feta servieren.

Hähnchen mit Gemüse und Erdnüssen

Zutaten:

- 250 Gramm Hähnchenbrust
- 400 Gramm Zucchini
- 1 große Zwiebel, gewürfelt
- 3 Frühlingszwiebeln, in Ringe
- 1 Esslöffel rote Currypaste
- 50 Milliliter Kokosmilch
- 30 Gramm Erdnussbutter
- 2 Esslöffel Kokosöl
- 50 Milliliter Tomatenmark
- Salz
- Pfeffer

Zubereitung:

1. Hähnchenfleisch in feine Würfel schneiden. Zucchini raspeln.
2. Kokosöl erhitzen und Hähnchenfleisch darin anbraten. Fleisch würzen und aus dem Topf nehmen.
3. Zwiebel im Öl anbraten, Currypaste dazugeben und mitbraten. Gemüse in den Topf geben und ca. 5 Minuten braten.
4. Mit Kokosmilch ablöschen. Tomatenmark und Erdnussbutter unterrühren, Fleisch wieder dazugeben.

Zucchini-Nudeln mit Tomaten

Zutaten:

- 2 kleine Zucchini
- 250 Gramm Rispentomaten
- 1 Zwiebel, gewürfelt
- 1 Knoblauchzehe, fein gewürfelt
- 1 Bund Basilikum
- 3 Esslöffel Öl
- 30 Gramm Parmesan, gerieben
- Salz
- Pfeffer
- Chilipulver

Zubereitung:

1. Aus den Zucchini mit dem Spiralschneider Nudeln schneiden. Basilikum in Streifen schneiden. Tomaten vierteln.
2. Öl erhitzen, Zwiebel und Knoblauch darin anbraten. Zucchini dazugeben und ca. 2 Minuten braten.
3. Würzen, dann Tomaten und Parmesan unterrühren und noch ca. 2 Minuten braten. Mit Basilikum servieren.

Zucchini-Hackfleisch-Topf

Zutaten:

- 600 Gramm Rinderhack
- 900 Gramm Zucchini
- 400 Gramm Kirschtomaten
- 400 Gramm Dosentomaten in Stücken
- 100 Gramm Frischkäse
- 100 Gramm Tomatenpesto
- 1 Teelöffel Gemüsebrüh-Pulver
- 1 Teelöffel Fenchelsamen
- 2 Teelöffel Oregano
- 1 Teelöffel Paprikapulver, scharf
- 2 Esslöffel Öl, Salz, Pfeffer
- 60 Gramm Parmesan, gerieben

Zubereitung:

1. Tomaten und Zucchini würfeln. Hackfleisch mit Salz, Pfeffer, Paprikapulver und Fenchelsamen mischen.
2. Öl erhitzen und das Hackfleisch darin krümelig anbraten. Zucchini dazugeben und mitbraten. Gemüsebrüh-Pulver unter die Dosentomaten rühren. Dosentomaten und Kirschtomaten dazugeben und mitbraten.
3. Frischkäse und Tomatenpesto unterrühren Mit Parmesan servieren.

Kohleintopf

Zutaten:

- 1 Kopf Wirsingkohl
- 1 Kopf Weißkohl
- 500 Gramm Rinderhackfleisch
- 5 Zwiebeln, gewürfelt
- 5 Knoblauchzehen, fein gewürfelt
- ½ Ingwerknolle, gerieben
- 150 Gramm Speck
- 2 Liter Gemüsebrühe
- 3 Esslöffel Butterschmalz, Salz, Pfeffer

Zubereitung:

1. Vom Kohl die äußeren Blätter und den Strunk entfernen. Kohl in Streifen schneiden. Speck würfeln.
2. Vom Butterschmalz 2 Esslöffel erhitzen und Hackfleisch, Speck, Zwiebeln, Knoblauch und Ingwer darin anbraten. Wenn alles braun geworden ist, alles aus dem Topf nehmen.
3. Restliches Butterschmalz in den Topf geben. Kohl darin anbraten. Mit Gemüsebrühe ablöschen, Hackfleisch wieder dazugeben und alles noch ca. 30 Minuten kochen lassen. Salzen und pfeffern.

Gemüsepizzatopf

Zutaten:

- 350 Gramm Zucchini
- 2 gelbe Paprikaschoten
- 250 Gramm Kirschtomaten
- 150 Gramm Champignons
- 1 Zwiebel, gewürfelt
- 1 Esslöffel Tomatenpesto
- 2 Esslöffel Olivenöl
- 1 Teelöffel Oregano, getrocknet
- 80 Gramm Paprika-Salami
- 100 Gramm Mozzarella
- 25 Gramm Parmesan, gerieben , Salz, Pfeffer

Zubereitung:

1. Zucchini raspeln, Tomaten halbieren, Paprika in Streifen schneiden. Salami würfeln. Champignons putzen und in Scheiben schneiden.
2. Öl erhitzen, Zwiebeln darin anbraten. Salami, Paprika, Zucchini und Champignons dazugeben und anbraten. Tomaten und Oregano unterrühren und mitbraten.
3. Mozzarella kleinschneiden und mit den restlichen Zutaten in den Eintopf geben, ca. 2 Minuten kochen lassen.

Blumenkohltopf mit Tomaten

Zutaten:

- 1 kg Blumenkohl
- 1 rote Paprikaschote
- 1 Zwiebel, gewürfelt
- 2 Knoblauchzehen, fein gewürfelt
- 200 Gramm Cabanossi
- 200 Milliliter Sahne
- 2 Esslöffel Öl
- 100 Gramm Emmentaler, gerieben
- ½ Bund Petersilie, gehackt , Salz, Pfeffer

Zubereitung:

1. Blumenkohl in Röschen teilen, Paprika würfeln, Cabanossi in Scheiben schneiden.
2. Öl erhitzen, Zwiebel und Knoblauch darin anbraten. Blumenkohl und Paprika dazugeben und anbraten.
3. Wurst und Petersilie unterrühren, mit Sahne ablöschen und garen. Käse, Salz und Pfeffer unterrühren.

Pasta mit Lachs-Sahne-Sauce

Zutaten:

- 2 Zucchini
- 125 Gramm Stremel-Lachs
- 1 Zwiebel, gewürfelt
- 150 Milliliter Sahne
- 1 Knoblauchzehe, fein gewürfelt
- 1 Esslöffel Öl
- 1 Esslöffel Erythrit, Salz, Pfeffer

Zubereitung:

1. Aus den Zucchini mit dem Spiralschneider Spaghetti schneiden.
2. Öl erhitzen, Zwiebel und Knoblauch darin anbraten. Erythrit darüber streuen und karamellisieren. Sahne dazugeben und einkochen lassen. Lachs zerrupfen und in die Sahne geben, köcheln lassen.
3. Zucchini-Nudeln dazugeben und noch kurz köcheln lassen.

Spaghetti mit Rucola

Zutaten:

- 200 Gramm Low-Carb-Spaghetti
- 300 Gramm Kirschatomaten
- 2 Handvoll Rucola
- 2 Esslöffel Pinienkerne
- 60 Gramm Parmesan, gerieben
- 1 Knoblauchzehe, fein gewürfelt
- 2 Esslöffel Olivenöl
- Salz
- Pfeffer

Zubereitung:

1. Nudeln in Salzwasser kochen. Pinienkerne in einer beschichteten Pfanne anrösten. Tomaten halbieren.
2. Öl erhitzen, Tomaten und Knoblauch darin anbraten, mit Salz und Pfeffer würzen.
3. Nudeln aus dem Wasser nehmen und zu den Tomaten geben. Rucola unterrühren und noch eine Minute köcheln lassen. Mit Parmesan und Pinienkernen servieren.

Zucchini-Nudeln mit Garnelen und Tomaten

Zutaten:

- 500 Gramm Zucchini ,
- 200 Gramm Kirschtomaten ,
- 200 Gramm Garnelen ohne Kopf und Schale ,
- 2 Zwiebeln, gewürfelt ,
- 2 Knoblauchzehen, fein gewürfelt ,
- 200 Milliliter Gemüsebrühe ,
- 1 Zitrone ,
- 50 Milliliter Sesamöl ,
- Salz
- Pfeffer

Zubereitung:

1. Aus den Zucchini mit dem Spiralschneider Spaghetti schneiden. Tomaten halbieren. Von der Zitrone die Schale abreiben und den Saft auspressen.
2. Öl erhitzen und Zwiebeln, Knoblauch und Garnelen darin anbraten. Garnelen herausnehmen, Tomaten hineingeben und kurz braten.
3. Zucchininudeln und Gemüsebrühe dazugeben, ca. 4 Minuten kochen lassen. Zitronenschale, Zitronensaft, Salz, Pfeffer und Tomaten unterrühren. Mit den Garnelen servieren.

Brokkoli-Pasta

Zutaten:

- 500 Gramm Brokkoli
- 200 Gramm Putenschnitzel
- 150 Gramm Reisnudeln
- ½ Stange Porree
- 50 Gramm Frischkäse
- 50 Milliliter Milch
- Wasser
- 1 Esslöffel Öl

Zubereitung:

1. Brokkoli in Röschen teilen, Porree in Ringe schneiden. Putenschnitzel in kleine Würfel schneiden.
2. Öl erhitzen, Putenfleisch darin anbraten. Porree und Brokkoli dazugeben, mitbraten. Reisnudeln und Wasser dazugeben, sodass alles bedeckt ist. Kochen, bis Brokkoli und Nudeln weich sind.
3. Nach der Hälfte der Garzeit Frischkäse und Milch unterrühren.

Konfettipfanne

Zutaten:

- 250 Gramm Räuchertofu
- 250 Gramm Gabelspaghetti
- 300 Gramm Tiefkühl-Erbsen
- 1 rote Paprikaschote
- 1 Dose Mais
- 1 Zwiebel, gewürfelt
- 250 Milliliter Sahne
- Wasser
- Salz

Zubereitung:

1. Paprika in Streifen schneiden, Tofu zerbröseln.
2. Alle Zutaten bis auf die Sahne in einen Topf geben. Heißes Wasser auffüllen, bis alles bedeckt ist. Unter Rühren zum Kochen bringen.
3. Solange kochen, bis Nudeln und Paprika gar sind. Sahne unterrühren.

Nudeln mit Kürbis

Zutaten:

- 350 Gramm Hokkaido-Kürbis
- 120 Gramm Möhren
- 1 Zwiebel, gewürfelt
- 250 Gramm Penne
- 400 Milliliter Gemüsebrühe
- 400 Milliliter Kokosmilch
- 2 Esslöffel Öl

Zubereitung:

1. Kürbis und Möhren schälen und würfeln.
2. Öl erhitzen und die Zwiebel darin ablöschen. Möhren und Kürbis zu den Zwiebeln geben und 5 Minuten kochen.
3. Nudeln dazugeben und unter Rühren garen.

SCHUPFNUDELTOPF

Zutaten:

- 1 Packung Schupfnudeln
- 3 große Champignons
- 1 rote Paprikaschote
- 100 Milliliter Sahne
- 1 Esslöffel gehackte Petersilie
- 1 Esslöffel Öl

Zubereitung:

1. Champignons putzen und in Scheiben schneiden. Paprikaschote fein würfeln.
2. Öl erhitzen und Champignons, Paprika und Schupfnudeln darin anbraten.
3. Sahne und Petersilie dazugeben und kurz aufkochen lassen.

Wirsing-Farfalle-Eintopf

Zutaten:

- 600 Gramm Wirsingkohl
- 300 Gramm Möhren
- 150 Gramm Farfalle
- 1 Zwiebel, gewürfelt
- 300 Gramm Hackfleisch
- 1 Scheibe Toastbrot
- 1,5 Liter Gemüsebrühe
- 5 Esslöffel Olivenöl
- 1 Dose Mais
- 1 Teelöffel Senf
- 1 ½ Esslöffel Paprikapulver
- Salz
- Pfeffer

Zubereitung:

1. Vom Wirsing die äußern Blätter und den Strunk entfernen. Wirsing in Streifen schneiden. Möhren schälen und in Scheiben schneiden.
2. Vom Öl 3 Esslöffel erhitzen und die Hälfte der Zwiebelwürfel darin anbraten. Möhren und Wirsing dazugeben und mitbraten. Brühe auffüllen, etwa 20 Minuten kochen lassen. Farfalle in Salzwasser bissfest garen.
3. Toastbrot kurz in Wasser einweichen, ausdrücken und dann mit restlichen Zwiebelwürfeln, Senf, Salz, Pfeffer und Paprikapulver zum Hackfleisch geben.
4. Verkneten und zu kleinen Bällchen formen. Restliches Olivenöl erhitzen und die Hackbällchen darin braten. Mais abtropfen lassen und zusammen mit Farfalle und Hackbällchen zum Eintopf geben.

Paprika-Cremesuppe

Zutaten:

- 450 Gramm Kirschtomaten
- 4 rote Paprikaschoten
- 1 Zwiebel, gewürfelt
- 1 Esslöffel Öl
- ½ Bund Petersilie, gehackt
- 300 Milliliter Gemüsebrühe
- 100 Milliliter Schlagsahne
- 2 Esslöffel Creme Fraiche
- 2 Teelöffel Paprikapulver
- Salz
- Pfeffer
- 100 Gramm getrockneter Schnittkäse

Zubereitung:

1. Tomaten vierteln, Paprika in Streifen schneiden. Öl erhitzen und Zwiebel darin anbraten. Paprika dazugeben und mitbraten.
2. Tomaten hinzufügen und braten. Gemüsebrühe, Sahne und Gewürze unterrühren und 10 Minuten köcheln lassen.
3. Käse bei 220 Grad im Backofen aufpoppen lassen. Suppe mit Creme Fraiche und Käse servieren.

Schlusswort

Mit diesem Rezeptbuch erhalten Sie zahlreiche kulinarische und auch extravagante Rezepte, die Sie nachmachen können. So wird Ihre nächste Fete zu einem echten Klassiker. Da wir stets darum bemüht sind, unsere Arbeit zu verbessern, ist ihr Feedback für uns sehr wichtig. Sie unterstützen uns, indem Sie eine Rezension dalassen. Wir freuen uns über Feedback, da wir so Verbesserungen am Buch vornehmen können. Dementsprechend sollten Sie sowohl Lob als auch Kritik äußern. Natürlich freuen wir uns mehr über Lob, jedoch wissen wir auch, dass Kritik mit dazugehört. Wir würden uns auch freuen, wenn Sie uns Ihre Erfahrungen mit den Rezepten mitteilen könnten. Wie sind die teils sehr extravaganten Gerichte bei Ihren Freunden und Verwandten angekommen.

Wir freuen uns auf Ihre Bewertung!

Impressum

Kein Abschnitt des Textes darf in irgendeiner Form, ohne der Zustimmung der Autor Gruppe, verwendet werden

Danke, Walter, für die Motivation und Inspiration dieses Buch zu schreiben!

© CHILI OVEN

Auflage 1/ 2019

Kein Abschnitt des Textes darf in irgendeiner Form, ohne der Zustimmung der Autor Gruppe, verwendet werden

Kontakt: WORLD GIVE/ Walter Kibler/ Gerkerather Mühle.50/ 41179 Mönchengladbach

Email: w.kibler@hotmail.de

Coverfoto: fiverr.com

Bilderquelle: pexels.com

Formatierung: Walter Kibler

TWENTYSIX – der Self-Publishing-Verlag
Eine Kooperation zwischen der Verlagsgruppe Random House und BoD – Books on Demand
Herstellung und Verlag:
BoD – Books on Demand, Norderstedt

ISBN: 978-3-7407-6757-0